なぜ夫は何もしないのか
なぜ妻は理由もなく怒るのか

高草木陽光
takakusagi harumi

左右社

はじめに

まず、この本を手にとっていただいたあなたに感謝申し上げます。「大好きな人といるのに心が満たされない」「夫婦なのに夫婦じゃないような気がする」「夫の気持ちがわからない」「妻の気持ちがわからない」「些細なことでケンカになってしまう」「もっとお互いを理解し合いたい」。そんな人たちのために書き上げました。

あなたとパートナーが居心地の良い関係でいられるように、実際に私が直接かかわってきた人たち（仮名）のケースを例に挙げて、「夫と妻の考え方の違い」「夫と妻の受け取り方の違い」「問題になりやすい事柄」「改善策につながるヒント」「考え方のポイント」などを、テーマ別にご紹介させていただいています。

私は「夫婦問題カウンセラー」といって、主に「夫婦間」「家族間」「男女間」に起こるさまざまな問題に対して、ご相談者の気持ちに寄り添いながら、問題解決に向けてのアドバイスやご提案をさせていただいています。いままでの相談件数は約7年間でおよそ7000件です。

相談に訪れる人たちは、一般の主婦や会社員のほかに、医師、弁護士、国家公務員、格闘家、芸能人までさまざまです。共通して言えるのは、職業や性別に関係なく、みなさん大なり小なりなんらかの「夫婦問題」を抱えていらっしゃるということです。

私はこの職業に就くまで、美容師という〝人をデザインする〟アーティストを経て、美髪・育毛カウンセラーという〝髪の健康を根本的な面から追求する〟仕事に従事していました。こうして考えてみると、これらの仕事も、人の気持ちに寄り添ってこそ成り立つ仕事であり、つくづく私は「人」が好きなんだなぁと思うわけです。

しかし、その頃から夫婦問題カウンセラーになろうと思っていたわけではなく、このような職業があること自体、知りませんでした。

私がこの仕事を始めるキッカケになったのは、自分が結婚して、自らの夫婦関係がギクシャクしだしたからです。「こんなはずじゃなかった」「どうして夫は私の気持ちをわかってくれないんだろう」。そんな思いと闘いながら、夫の価値観が理解できずに、しばらく実家に帰っていたこともありました。

そして、そんななか、悶々とした気持ちでネットサーフィンをしているときに目にとびこんできたのが「離婚カウンセラー」という文字だったのです。はじめは〝離婚をさせる〟スペシャリストかと思いましたが、そうではなくて、離婚問題などの夫婦のトラブル全般に対応し、

「相談者が幸せになるため」にお手伝いをする仕事だと知りました。

このときに私は、自分のことを相談に行くというより、ノウハウを知りたいと思ったのです。そうすれば「自分のためにも役立つし、私と同じように悩んでいる人がいた場合、力になってあげることができる」と確信したのです。そしてその後、資格を取得し現在に至ります。

本書を読むことで、「夫婦という枠」にハメられた夫や妻が陥りやすい「罠」を理解することができるでしょう。現在、罠にハマっている人は、そこから〝抜け出すヒント〟を得ることができます。また、まだ罠にハマっていない人は、事前にその仕掛けを知ることによって、罠を回避することができ、よけいな衝突をせずにすみます。

夫婦関係は「相手を知り、ちょっとしたコツさえつかめば、うまく機能していく」ことを多くの人に知っていただきたいのです。そして、いま以上に生きやすく、潤いのある人生にしていただくために、この本がお役に立てればこんなに嬉しいことはありません。

各章の終わりには、パートナーや自分自身を見つめ直すチェックシートを用意しました。より良い夫婦関係を築いていくために、どうぞお役立てください。

※本文中、事例として紹介している方々のお名前は、一部の方を除いて仮名にしています。

夫の取扱説明書

第3章 家庭・家族編

第6章 夫婦の過去・未来編

第1章

夫婦の基礎編

1 家庭に求めるもの

夫は、居場所と居心地を求める
妻は、安心と安定を求める

一般的に夫は、「仕事」と「家庭」での居場所がバランスよく確保されていると、居心地の良さを感じ、精神も安定します。また、妻は自分の「理想」を現実にすることで、安心を得ようとします。夫は家庭に、明日への活力を〝リセットする居場所〟を求め、妻は理想を叶えてくれる〝夫の存在〟を求めているのです。

〝居場所がない夫〟の背景にはモンスター嫁の存在あり

夫は、妻が思っている以上に精神的に疲労しています。そんな状況にもかかわらず、自宅に帰っても自分の居場所がない夫が増えています。昭文さん（43歳）も、〝居場所がない夫〟でした。

「最近、仕事が定時に終わっても、まっすぐ家に帰りたくないんです。いや、本当は早く帰りたいんですけど、妻が起きている時間に帰りたくないんです。このままではいけないと思っているんですが、どうしたらいいかわからなくて」

「なるほど。このままではいけないと思っているのですね。どうして奥様が起きている時間に帰りたくないのですか？」

「妻が怖いんです。口うるさいし、早く帰っても余計に疲れてしまうのです。だから、残業で遅くなるとか、上司と飲んでいると妻には嘘をついて、漫画喫茶で時間をつぶしたり、ときには同僚と居酒屋で飲んだりして、妻と子どもが寝た頃に帰宅します」

ここ数年で、このように自宅に帰りたくても帰れない男性からの相談が急増しています。帰れない理由は、妻との関係が良好でないことです。たとえば、昭文さんの妻、真紀子さん（43歳）は、こんなルールを夫に強要するそう。

（1）21時過ぎに帰宅する場合は、いっさい物音を立てないようにすること。
（2）歯磨き粉、シャンプー、リンスは、ラベルを前に向け、定位置に戻すこと。
（3）家族で出掛けるときの服装は、自分で勝手に決めないこと。

これは、ほんの一部ですが、想像しただけで息が詰まる内容です。このルールを守れなかった際には、話し合いと称した説教が何時間も続くそうなのです。

昭文さんが安心して家に帰れるようになり、くつろげる居場所を確保するためには、これらのルールを、〝守る／守らない〟の前に、まずは妻とのコミュニケーションを改善していく必要があると感じました。

一般的に男性は、弱音を吐いたり愚痴を言ったりすることを格好悪いと思っています。そのため、吐き出したほうがいいことも押さえ込んでしまう傾向があり、家庭では無口になりがちです。信頼できる家族であっても、余計な話をして「弱みを見せたくない」とか「みっともないところは見せたくない」と思うのが男の心理。

しかし、そう思って何も話をしないことが妻とのコミュニケーションを妨げ、結果的に夫婦の不仲を誘発しているのです。「妻が怖い」「何を考えているのかわからない」と思って、妻を避けるのは逆効果です。妻の話をとことん聞いて不満を解消してあげることをしなければ解決にはつながりません。

さっそく昭文さんは、労《ねぎら》いの言葉をかけながら妻の心をほぐすことから始めました。そして、妻の話に耳を傾け、小言を言われながらも愚痴を毎日数十分間聞くようにしたのです。

少しずつ穏やかな会話が増えてきた頃、たまには妻にゆっくりしてもらおうと、家族旅行を提案してみました。すると、最初は「お金がかかる」とか「めんどくさい」と反対していた妻が、「行くなら温泉がいい」とか「海が近い所がいい」と前向きな発言に変わってきたのです。

これは大きな進歩です！　相変わらず妻のマイルールは健在ですが、以前に比べたら、だいぶ〝ゆるく〟なってきたようです。

たった〝3行の言葉〟で妻の安心と安定が手に入る

いっぽう妻は、自分の理想通りの家庭をつくりたいと思っています。家族を愛し、家のことに協力的な夫、そして元気な子どもたち、経済的になんの不自由もない生活。それが妻にとっての理想であり、家庭に求める〝安心と安定〟の基本なのです。

しかし、現実はというと、子どもは言うことを聞かないし、夫はほとんど家にいない。家事・育児にはいっさい協力してくれないし、夫が帰宅するのは子どもが寝ついてから。子どもの進路について話をしたいのに、話をしはじめると露骨に嫌な顔をする夫。

昨年、念願だったマイホームを手に入れた雪美さん（37歳）は、周りから見たら羨ましいほどの生活をしているセレブ妻。夫の優作さん（41歳）が経営する会社は順調に業績を伸ばしているし、子どもは健康で優秀、まさに理想通りの家庭を手に入れているように見えるのですが、雪美さんは次から次へと不満ばかりを口にします。どうやら、夫の仕事が忙しすぎることで、夫婦のホウ・レン・ソウができていないことに不満を抱えている様子。

ホウ・レン・ソウとは、報告・連絡・相談をわかりやすく略した言葉。ビジネスの上では欠かせない、このホウ・レン・ソウですが、実は夫婦間でもとても重要なのです。

仕事が忙しい夫のことは十分理解している雪美さんなので、子どもの塾のことと、中学校受験のことについて、少しでも夫に相談できる時間がとれれば、雪美さんの不安は取り除かれ精神状態もかなり落ち着くと睨んだ私は、〃コミュニケーションノート〃を取り入れる提案をしてみました。

コミュニケーションノートとは、簡単に言うと交換日記のようなものです。別名〃感謝ノート〃と言ってもいいかもしれません。もちろん、コミュニケーションノートだけで夫婦のコミュニケーションを完了させるわけではありません。このノートは、お互いに時間が取れる日を確認し合ったり、遅くに帰ってきた夫へ、ちょっとした報告や労いの言葉を書きこんだりする、実際の対話を円滑にするための準備ノートだと考えていただきたいのです。

雪美さんは、さっそくコミュニケーションノートに、夫への感謝の言葉や相談したい話の内容、ゆっくり話をする時間をとってほしいことを書いて、テーブルの上に置いておきました。翌朝、ノートに書かれた〃たった3行の言葉〃を雪美さんは何度も何度も読み返しました。

「雪美へ。こちらこそ、いつもありがとう。なかなか時間がとれなくてゴメン。今度の日曜日は、一日オフにするからゆっくり話をしよう」

妻は、夫の〃たった3行の言葉〃で喜びと安心を得られるのです。

【夫へ】

仕事の話を家庭に持ち込みましょう

自分の弱い部分をさらけ出しましょう。そして、仕事の話や職場での出来事も、どんどん妻に話してください。これは、仕事の内容を理解してもらうことが目的ではありません。貴方の置かれている環境や状況、思っていることを話して、貴方の思いや考えを妻にわかってもらうためです。夫が何を考えているのかがわかると、妻の安心感が高まるのです。

【妻へ】

夫をたっぷり充電させましょう

貴女だけのマイルールで、夫を苦しめていませんか？　貴女が本当に手に入れたい安心や安定は、夫が元気に仕事をしてくれることで得られることも多いはず。夫をいかに充電させてあげられるかが、妻の腕の見せどころです。顔色をうかがう必要はないけれど、女性が得意な〝気配り〟を利用して、夫が居心地いい空間づくりを工夫してみましょう。

2 幸せの感じ方

夫は、〝必要とされている実感〟で幸せを感じる
妻は、〝愛されている実感〟で幸せを感じる

幸せの感じ方は人それぞれです。でも、夫婦にとっての幸せを感じる基準は、どんな夫婦もほぼ一緒なんです。それは〝三つの自尊心〟が満たされているか否か。私は、カウンセリングやセミナーを行う際、よく三つの自尊心のお話をさせていただきます。

幸せを感じている夫婦は〝三つの自尊心〟が満たされている

自尊心とは、自分の人格を大切にする気持ちのことです。夫婦間だけにかぎらず、パートナーシップを良好に保つためには、お互いにこの自尊心が満たされているかどうかが大事なポイントです。

私がとくに重要だと考える〝三つの自尊心〟とは、自己好感、自己有能感、自己重要感です。自己好感とは、「愛されたい」という欲求や、「愛されている」という気持ちのことです。自己有能感とは、「能力を認めてほしい」という欲求や、「自分は優れている」という気持ち。そし

て、自己重要感とは、「大切な存在だと認めてほしい」という欲求や、「必要とされている」という気持ちのことです。

夫婦関係が冷えきっていたり、問題を抱えていたりする夫婦は、ほぼ１００パーセントこの三つの自尊心が満たされていません。

女性の場合、夫やパートナーから「愛されている実感がある」つまり、自己好感が満たされた状態であるときが、より幸福感が高まる傾向があります。男性の場合は、どちらかというと、「能力を認めてほしい」という自己有能感や、「必要とされている」と実感できる自己重要感が満たされている場合に、満足度が高くなる傾向があるのです。

ですから、妻が不満を口にするようになった場合は、自己好感が満たされていない証拠。また、夫が浮気をするのは、妻が自己有能感や自己重要感を満たしてくれないから。結果的に、自尊心を満たしてくれる〝ほかの女性〟のもとへ行ってしまうのです。

「夫の自尊心アゲアゲ」プロジェクトに取り組む妻

エステティックサロンを経営する桜子さん（40歳）から、「夫の浮気をやめさせるにはどうしたらいいか」とご相談があったのは、ゴールデンウィークが明けてすぐのことでした。

夫の晃司さん（42歳）は、サラリーマンなので、ゴールデンウィークは7日間の連休。妻の桜子さんは、ゴールデンウィークも仕事のため、連休はナシ。こんなスレ違いが3年ほど続いているそうです。

その頃からだんだんと夫婦の会話も減ってきて、朝は「おはよう」「いってらっしゃい」の言葉を交わす程度。夜は、桜子さんの体力が残っていれば夕飯をつくって一緒に食べることもありましたが、ほとんどがお互いに外食というスタイル。

結婚9年目のふたりは子どもがいないせいか、友達同士のような感覚で、桜子さんが独立する3年前までは普通に仲がいい夫婦だったようです。

しかし、少しずつお店の売上が増え、桜子さんの収入が夫の収入を追い越した頃から、お互いの態度が変わってしまったのです。桜子さんは、夫を見下したような発言が目立つようになり、そして夫は怒りっぽくなって、次第に心を閉ざしていったのです。

そんななか、このゴールデンウィークに夫の浮気が発覚しました。ここで、数年間の桜子さんが夫に対して行ってきた言動を振り返っていただきました。「夫には、ヒドイことを言ってしまったかもしれません」と言う桜子さんの、その言動とは……。

「小さい男ね」
「もっと男らしくしてよ」
「何をやってもダメね」

「貴方は面白みがないのよ！」

そんな言葉をため息や舌打ちとともに夫に発していました。妻にこのように言いつづけられたとしたら、夫は自己有能感や自己重要感を満たされるどころか、ズタズタになり自信を失ってしまうことでしょう。

そんなときに、優しい言葉をかけてくれる女性に出逢えば、夫の心が動いてしまうのも十分考えられることです。夫を失いたくないのなら、いますぐにでも夫の自尊心を満たしてあげられる〝行動〟と〝言葉がけ〟を徹底し、いままでの態度を改める必要があります。

桜子さんには、修復プログラムのひとつ「夫の自尊心アゲアゲ」プロジェクトに取り組んでいただくことになりました。

「夫の自尊心アゲアゲ」プロジェクト

（1）いままでとってきた傲慢な態度は、夫のことが嫌いなわけではなく、「甘え方がわからなかった」ということを素直に言葉に出して伝え、謝罪すること。

（2）夫の自己有能感を満たすために ➡「夫の仕事を尊重する」「良いところを見つけてほめる」「尊敬する点を伝える」「わかることでも〝教えて〟と言ってなんでも訊いたり、頼ったりする姿勢をとる」。

（3）夫の自己重要感を満たすために⬇「夫の存在があっていまの自分がある（貴方のおかげ）という気持ちを伝える」「自分でなんでも解決しないで夫に相談する」「〝一緒にいると楽しい〟という気持ちを体で表し、言葉でも伝える」。

（4）心身の余裕がなくなるような仕事のしかたは避けること。

（5）共有する時間を増やす（食事、休日、会話）。

3カ月後、桜子さんが夫婦の変化を教えてくれました。

あれからすぐに、桜子さんは自分の休日を変更し、夫に合わせて日曜日休みにしたそうです。その結果、夫と過ごす日が増えたことで、必然的に会話も増えたとのこと。そして、それまで最低でも月に一度あった夫の外泊も、この3カ月間は一度もないそうで、帰宅時間も早くなっているとのこと。

浮気のことを詮索せずに、責め立てもしなかったことは、妻として苦しくて辛かったことだろうと察しがつきます。

でも、自分の言動を変えることで、目の前の夫の言動も変化してきた事実を見れば、きっと「夫の浮気が自分たち夫婦の危機を救ってくれた」と思える日がくると信じています。

【夫へ】

妻の自己好感を満たしてあげましょう

妻が怒りっぽかったり、いつも機嫌が悪かったりするのは自己好感が満たされていないからです。つまり、貴方からの〝愛されてる感〟がまったく感じられないのです。自己好感を満たしてあげるためには、〝良いところを見つけてほめる〟〝スキンシップを増やす〟ということを意識してチャレンジしてみてください。まずは感謝の言葉を伝えてみましょう。

【妻へ】

夫のドヤ顔は貴女の幸せにつながります

「仕事も家事も、完璧にできてしまう妻に僕は必要とされているのか」。そう考える夫は少なくありません。本当は貴女一人でもできてしまうことでも、ときには「私にはムリみたい〜、貴方お願い！」と甘えてみることも必要です。「さすが！」「スゴイね！」「頼りになる」の言葉がけも有効。その繰り返しが、夫の自己有能感や自己重要感を満たすことになるのです。

3 両親

夫は、母親が大好き
妻は、実家が大好き

程度の差はありますが、男性のほとんどが〝マザコン〟です。お母さん大好きなのです。この世に生を受け、初めて見たり接したりする女性が母親なのですから、それも当然といえば当然かもしれません。男性にとって母親とは、一生無償の愛で見守ってくれる理想の女性であり、永遠に愛しい人なのです。とはいっても、夫婦関係が悪化してしまうほど母親にベッタリな場合は、なんらかの対処が必要でしょう。

母親に合鍵を渡すマザコン夫

いままで7000件のカウンセリングをしてきたなかで、〝マザコン〟に関する相談も数百件ほどありました。相談者は100パーセント妻です。夫本人から「僕、マザコンで悩んでいます」なんていう相談はありません。

妻が悩んで体調を崩してしまうほどのマザコン夫は、自分がマザコンだなんて、これっぽっちも思っていない無自覚な人なのです。

綾子さん（31歳）の夫、孝之さん（36歳）も、まさに無自覚のマザコン夫でした。

「結婚してから、毎週土日に夫の実家で夕飯を食べるルールが耐えられないんです」

「毎週土日に？　必ず？」

「はい。結婚して1年半ですが、毎週です。それから、お義母さんと夫が、勝手に私たち夫婦の新居を建てる話を進めていて、私の存在が無視されているのが辛いんです」

「確かに、この状況が今後ずっと続いていくとなると、妻としては苦しいですよね」

夫とお義母さんが、単に〝無神経〟なだけなのか、お互いに依存している〝共依存〟なのか、それによっても対策は違ってきます。ただ、〝マザコン夫〟であることは間違いありません。

なぜなら、夫の孝之さんは、新居ができたら母親に「合鍵を渡す」と話していたそうですから。この合鍵を母親に渡すことが、妻にとってどれほど迷惑で嫌なことなのかが想像できない時点でマザコン決定です。

どのような行為がマザコンなのかを知る

綾子さんが一人でカウンセリングに訪れてから3週間後、今度は夫の孝之さんと一緒にお見えになりました。私は、まず孝之さんの、妻に対する思いや愛情の深さを確認しました。そして、結婚生活について、どのような考えをもっているのかも。

話の内容からは、妻の綾子さんのことをとても大切に思っていることが伝わってきました。近い将来、「子どもも欲しいし、平凡でいいから幸せな家庭を築きたい」と。そう思っているのは素晴らしいことだけれど、現実に〝やっていること〟は、妻にとって苦しく辛いことばかりだとはまったく気がついていなかったのです。

「妻から、何度か言われたことがありました。母親に甘えすぎだとか、土日はふたりでご飯を食べようとか……。でも、実家で食べたほうが妻にとっても楽なんじゃないかと思っていました。新居のこともそこまで妻が本気で悩んでいたとは想像していませんでした」

孝之さんはそう言い終わると私に訊いてきました。

「自分はマザコンなのでしょうか？」

その声は自信がなさそうで弱々しいものでした。そんな彼に「はい。立派なマザコンです」とはさすがに言えず、「妻が違和感を抱いているのならマザコンなのかもしれませんね」とお伝えしたのです。

そして、こう付け加えました。

「いままでの孝之さんの行為は、妻よりも母親を優先した行為であり、このまま続けば大切な妻を失ってしまったかもしれない深刻な問題です。そのくらい奥様は悩んでいたのですよ。でも、こうやって気づけたことが何よりも大事なことなんです」

孝之さんは今後、自分と母親との距離感を見直し、妻の気持ちを優先していくと約束してくれました。

このケースに見られるように、自分の「どのような行為がマザコンに値するのか」「どういったことを妻が不満に感じているのか」をわからない男性が非常に多いのです。

孝之さんは幸いなことに気づくことができ、改善を約束してくれました。誰もが自分の母親を大事に思う気持ちは一緒です。しかし、結婚生活に母親が必要以上に干渉してくると、必ずトラブルが発生することを覚えておいてください。

妻は〝娘〟に戻れる実家が大好き

妻は自分の実家が大好きです。なぜなら、楽だから！　実家に帰れば両親が優しく迎えてくれるし、食事も用意してくれる。子どもを連れて帰れば、大喜びで孫の面倒をみてくれる。家事と育児に疲れた妻にとって、実家はまさに天国なのです。

そのいっぽうで、3〜4年前から〝実家依存症の妻〟に悩む夫からの相談が増えてきました。

実家依存症とは、結婚したのにもかかわらず、妻が自分の実家に頻繁に帰ってしまったり、夫の意見よりも親の意見を優先したりするなど、親離れできていない状態のこと。

夫からの相談内容は「妻が毎日実家に帰り、お風呂も夕飯も実家ですませてから自宅に戻ってくるので、自分の夕飯はいつもコンビニ弁当」とか「里帰り出産をした妻が半年以上経っても帰ってこない」といったもので、完全に夫の存在を無視したモンスター嫁が増殖しているのも確かです。

「実家に帰るな」ということではありません。何事も限度があることを知らなければならないし、現に夫が不満を抱いていることが問題なのです。

改善が難しいとされる、精神的に自立できていない実家依存症の妻が増えてきているのも事実ですが、しかし実際は、現実の結婚生活に満足していないことから起きている現象がほとんどなのです。

つまり〝妻が頻繁に実家に帰りたくなる理由がある〟ということなのです。

主婦には365日休みがありません。家事をしても育児をしても誰もほめてくれるわけではないし、食事をつくるのも、掃除をするのも、保育園の送り迎えをするのも、すべて妻がやって当たり前だと思われていることが、突然バカらしく思えてくることだってあるのです。

そんなとき妻は、無条件で愛してくれる親がいる実家に帰って〝休暇〟をとりたくなるのです。

妻に自分の理想を押しつけていませんか？

【夫へ】

妻が実家に帰ることを不満に思っている夫は、もしかしたら「妻とは、こうあるべき」という持論の強い人では？　夫である貴方が、「いつもありがとう。今日は僕が夕飯をつくるから一緒に食べよう」と言えば、妻は実家に行かずに貴方の帰りを待っていてくれるかもしれません。「どうしたら妻が喜んでくれるか」を考え、実行してみましょう。

義母への不満ではなく〝素直な気持ち〟を夫に伝えましょう

【妻へ】

もし貴女が、お義母さんと夫のことでなんらかの不満を抱いている場合、夫を責め立てたり、お義母さんを悪く言ったりするのではなく、自分の〝素直な気持ち〟を夫に伝えるようにしましょう。たとえば、こんなふうに。「大事にされていないように感じて寂しい」「一緒にいる時間を、もう少し増やしてくれたら嬉しいな」。

4 仕事

夫は、家族のために働く
妻は、自分のために働く

夫の仕事に対する認識は「家族を養うため」という思いが大半を占めています。結婚して守るべき家族が増えれば、夫として、父親として、その責任を感じざるをえないのが男性の本音でしょう。早朝から深夜まで働いて、一生懸命稼いできてくれる夫に、妻も感謝しています。しかし、多くの夫が勘違いしているのが「給料さえもってくれれば妻は満足」だと思い込んでいるところ。つまり、夫は「生活費を毎月渡す↓自分は良い夫↓妻は満足する」という認識なのです。しかし、生活費を渡して満足しているのは夫だけで、妻が抱える真の不満は見落としがちだったりします。その認識の違いから、夫と妻に大きなズレが生じてくるのです。

酒もギャンブルも浮気もしない優等生夫が陥る罠

「妻から離婚してほしいと言われた」「妻が家を出ていってしまった」と相談に訪れる40歳以

降の男性が、必ずといっていいほど口にする言葉があります。

それは、「酒も飲まない、ギャンブルもしない、浮気もしない。いままで家族のためだけを思って真面目に働いてきたのに、どうしてこうなってしまったのかわからない」という内容の言葉です。とくに、定年退職まであとわずかだったり、退職した直後の人だったりしたときには、話を聞いている私も胸が痛むことがあります。

義雄さん（57歳）が、そんな辛い胸中を話してくれました。妻、みどりさん（52歳）から、2カ月前に「離婚してください」と告げられたそうです。もちろん同意はしていません。この2カ月間、話し合いを続けてきましたが、話は平行線のままで、家の中は重たい空気に包まれているとのこと。

妻のみどりさんが婦人服売り場で契約社員として働きだしたのは、50歳になってすぐのことでした。一般的に妻が仕事をする目的は、夫が抱く〝家族のため〟という意識とは大きく異なります。確かに家計のために働いている妻も少なくないですが、それよりも、どちらかというと、社会とつながることで承認されていることを体感し、喜びを得てキラキラした自分でいたいのです。

それまで専業主婦だったみどりさんが、50歳を過ぎて外で働きだしたということは、その頃に彼女のなかで〝なんらかの気持ちの変化〟があったと考えられます。みどりさんが義雄さんに話した離婚したい理由はこうです。

「お義母さんが子育てに口を出してきたときに相談したが、まったく聞いてくれなかった」

「子どもの運動会に一度も来なかった。子どもたちは私一人で育てた感覚しかない」

「いつも命令口調で優しさを感じない」

「貴方は、仕事しか頭にない人間」

「もう愛情はない。子どもたちの父親でしかない」

結婚23年目に突きつけられたキッィ宣告でした。この内容からは、助けてほしいときに助けてくれなかった夫に対する虚無感、仕事を優先する夫に対する孤独感、愛されていないと感じる喪失感、そんな〝心の叫び〟が聞こえてくるかのようでした。

妻が義雄さんに話したことが、離婚したい理由の真意であるなら、夫としていまさらどうすればいいのかと、やるせない気持ちでしょう。子育ての時期はもう過ぎてしまったし、すでに成人している子どもの運動会になど行けるはずもありませんから。

だからといって、「家族のためにと思って仕事をしてきたのに」とか「もっと早く言ってくれたらよかったのに」と、「のにのに」言っていても何も変わりません。このまま妻の気持ちを尊重し、離婚を受け入れ、〝夫婦〟ではなく〝子どもたちの親〟として、良い関係を築いていくことも選択肢のひとつです。

しかし、義雄さんは、あくまでも〝夫婦〟というカタチにこだわりつづけました。

「自分の気がすむまで何でもやってみる」プロジェクト

それならば、と私が提案させていただいたのは、「自分の気がすむまで何でもやってみる」プロジェクトです。このプロジェクトは、強い意思をもって決断していると思われる配偶者に対して、どうしても諦めきれない気持ちをもつ人に提案させていただく、〝修復プログラム〟のひとつです。

今回のプロジェクトの目的は、ふたりがラブラブになることではなく、〝離婚〟に気持ちを支配されている妻に「もうちょっと様子を見てみようかな」とか「夫なりに努力しているな」と、ほんの少しでも思ってもらい、離婚したい気持ちを〝鎮静〟させることです。

そして、この「自分の気がすむまで何でもやってみる」プロジェクトには、実行する人にとって驚くべき効果があるのです。

それは、最終的に自分が望んだ結果にならなかったとしても「できることは、すべてやった」という達成感が得られ、清々しい気分になれるのです。この達成感のことを、私は「やりきった感」と言っているのですが、この「やりきった感」がもてる人と、もてない人とでは、今後の人生に大きな差が出てしまうのです。

今回、義雄さんが実行したプロジェクトの内容は以下のとおりです。

(1) できる家事は全部する気持ちで取り組む。できない家事は教えてもらいながら一緒にする。
(2) 命令口調は禁止。何かしてほしいときは、相手の立場になって〝お願い〟すること。
(3) 「ありがとう」をたくさん伝える。労いの言葉も忘れずに。
(4) たまには環境を変えて外食を。
(5) 妻の暴言は〝心の叫び〟。まずは否定しないで話を聞いてあげること。
(6) 相槌は、「そうだね」「わかるよ」。

1カ月後には、妻の表情がだんだん和らいできているとの報告を受けました。妻は、あれから離婚のことについて、話をもちださなくなったとのことですが、油断は禁物です。義雄さんは、慣れない家事に毎日奮闘しているようでした。

「今後どうなるかわかりませんが、妻が同じ屋根の下にいるというだけで、ありがたい思いです」と、素晴らしい気づきもあったようです。

この努力が報われ、離婚話が〝なかったこと〟になってくれることを祈ります。

【 夫へ 】

妻は「わかってもらえている」と感じると優しくなります

「専業主婦の妻」のことも、そして「仕事をしている妻」のことも、〝頑張っている〟ことに対して認めてあげてください。［悪い例］「自分のほうが疲れている」「仕事といってもパートだろ？」。［良い例］「いつもありがとう。僕がするから休んでいていいよ」「君が仕事を頑張ってくれているおかげで、僕も助かるよ」。

【 妻へ 】

まずは〝労い〟、それから〝希望〟を伝えましょう

仕事が趣味のような夫に、仕事をしていることが悪いことのような言い方をしてはケンカになってしまいます。［悪い例］「もっと早く帰って来られないの？」「休みの日くらい子どもと遊んでやってよ」。［良い例］「遅くまでお疲れさま。たまには早く帰ってきてくれたら嬉しいのにな」「子どもがね、今度の日曜日は〝パパといっぱい遊ぶんだぁ〟って楽しみにしていたわよ」。

5 疲れているとき

夫は、黙ってほしい
妻は、気づいてほしい

夫が、「誰とも話をしたくない」と思うのは、〝疲れているときと落ちこんでいるとき〟です。そんなときの夫は、ムスっとしていたり、そっけない返事しかしなかったり「話かけないで」オーラを出しまくっています。男性は自分の心の状態を言葉で表すことが苦手で、気分によっては話をすることが面倒だと感じてしまうのです。疲れているときには「多くを話しかけず優しく見守ってほしい」というのが夫の本音なのです。いっぽう妻は、自分が疲れていたり落ち込んでいたりする状態のときには、いち早く気づいて「どうしたの？」「何かあったの？」と、声をかけてもらいたいと思っています。

妻が陥りやすい「負のスパイラル」とは？

夫の智和さん（38歳）とのコミュニケーションに悩み、相談に訪れたのは、妻の安江さん（39歳）。結婚9年目になる共働きの夫婦です。8歳の長男と7歳の長女を含めて4人家族です。

安江さんの理想の夫婦像は、子どもたちが寝た後に、夫婦ふたりでハーブティーを飲みながらお互いの出来事を報告し合い、満ち足りた気分で一日を終えることができる夫婦、だそうです。

しかし現実は……、帰宅したとたんにパソコンを開き、食事中も仕事の資料らしき書類から目を離さず無表情な夫。

「仕事だからしょうがない」と思う反面、安江さんにとっては不快な行動です。

「ねえ、食事中くらい仕事はいったんヤメにしましょうよ」

そう言う安江さんに対して、無言で食事を終えて席を立つ夫。

そして、子どもたちはこの重い空気を感じとって、自分たちの部屋へ避難するのがいつものパターン。何を言っても黙るか、そっけない返事しかしてくれない夫に、安江さんは我慢しきれず、毎日のように改善をうながしました。

ところが、改善するどころか、夫はますます不機嫌になっていくばかり。しまいには、「オマエといると、気が休まらない」と言われる始末……。

「話もしてくれないし、聞いてもくれない。何を言っても夫は不機嫌で、どう対応したらいいのかわからない」

実は、このようなケースは、浮気問題と同様に多い相談事例です。

相談に訪れた安江さんを含め、多くの妻が陥っている〝負のスパイラル〟があります。それは、「決めつけてしまうこと」です。

どういうことかというと、黙りこむ夫、話をしてくれない夫のことを「私に愛情がなくなったにちがいない」「いつも不機嫌で怒っている」と、勝手に決めつけてしまっていることに気がついていない妻が多いのです。

自分のことやその日一日の出来事を積極的に話してくれる夫も確かにいますが、どちらかというと話さない夫のほうが一般的で、必ずしも怒っているわけでも不機嫌なわけでもないのです。

今回のケースでの智和さんの言動は、問題がなかったとはいえません。でも、夫の〝生態〟を知れば、対応もそれほど難しいことではなかったりします。

そこで私は安江さんに、智和さんのいままでの言動や性格、タイプなどをお聞きし、「夫の取扱説明書」を作成しました。

実行していただくのは、これまで夫へ改善をうながしてきたり不満を言いつづけてきたりした行為を、すべてストップする作戦です。ストップするといっても、無関心になるのではなく、「余計なことを言わないようにする」ということと「夫をコントロールしようとしない」ということです。

安江さんには、以下の（1）〜（9）のことを実行して様子を見てもらったのです。すると、効果はすぐに表れました。いままで〝押せ押せ〟だった妻が急に〝引いた〟のですから、きっと夫もその変化を感じ取ったのでしょう。

夫は「最近なんか変わったね」と言って、口うるさく言わなくなった安江さんを不思議に思いながらも、居心地良さそうにしているそうです。

いまでこそ〝自分を楽しむ〟ことを第一に考えるようになった安江さんですが、これまでは「自分だけ趣味に没頭したり、友達と出かけたりして楽しんでいると、夫の機嫌が余計に悪くなるのではないか」と思っていたようです。

また、自分だけが楽しんでしまうと、夫に「借りができた」と感じてしまい、心から安心して自由に楽しめていなかったと言うではありませんか。

安江さんは〝理想の夫〟像への思いが強かったため、むりやり夫を変えさせようとしていました。自分が言ったことに対して、夫から期待どおりの言葉が返ってこないと、不安になったりイライラしたりしてしまうことが多かったのです。そして、そのイライラの原因を、すべて夫のせいにしていました。

このような状態を改善するために必要なマインドは、「夫のことは信頼するけど期待しない」ことと「自分を楽しむ」ことです。夫から理想どおりの応えが返ってくるなんていう期待はせず、自分という軸をしっかりもって生活することで、結果的に理想どおりに変わっていくのです。

いまでは子どもが寝静まった後に、夫の智和さんが安江さんのお気に入りのハーブティーを入れてくれることもあり、「今日一日どうだった？」という、なんでもない会話が嬉しくてたまらないのだそうです。

何を言っても不機嫌な夫に対して妻が実行したこと

（1）労いの言葉は積極的に。
（2）夫の顔色をうかがう必要はない。自分はいつも「普通」でいること。
（3）疲れていたり機嫌が悪そうだったりしたら、多くを話さずそっとしておく。
（4）夫が何かに集中しているときには、時間をズラして話しかけるようにする。
（5）ときには話しかけず、お茶を入れてあげるなど、「行動」で接することも必要。
（6）不満をぶつけるのではなく、「不安を伝える」ようにする。
（7）夫の言動に振りまわされない「自分軸」をつくる。
（8）自分が「楽しい」と思うことを見つけて取り組む。
（9）常に自分の気持ちを安定した状態にしておく工夫をする。

【夫へ】

無言の圧力ではなく、言葉で伝えると妻は安心します

妻や子どもたちは、貴方の〝表情〟に敏感です。疲れたのでしばらく放っておいてもらいたいときは、「今日は疲れたから少し放っておいてね」と、先に伝えておくのがいいでしょう。事情がわかれば妻も安心していられます。逆に、妻が疲れているときや機嫌が悪そうな顔をしているときに放っておくのはNG。すかさず気遣いの言葉をかけてあげるようにしてくださいね。

【妻へ】

タイミングと声のかけ方で、夫は〝聞く態勢〟を整えます

夫に話を聞いてもらいたいのなら、話しかけるタイミングが大事です。いきなり話しかけるのではなく、夫がリラックスしているときを見計らって、「5分だけ話を聞いてくれる?」「ちょっと相談したいことがあるんだけど、いま大丈夫?」というように、まずは夫に〝聞く態勢〟を整えてもらえるような工夫をしてみてください。

6 悩み・不安

夫は、信頼してほしい 妻は、心配してほしい

悩んでいるときや、不安で押しつぶされそうになっているとき、男性と女性では「気遣ってほしいポイント」がまったく違うことをご存知でしょうか？ もしかしたら、この問題は夫と妻が一番勘違いしやすく、わかり合えない永遠の課題なのかもしれません。

妻の〝心配しすぎ〟が夫をダメにする

夫の亮二さん（42歳）と、妻の真奈美さん（38歳）が出会ったのは、いまから10年ほど前。真奈美さんは保育士という職業柄もあり、朗らかで面倒見が良く、同性からも好かれている存在でした。亮二さんは、無口だけれど、長男気質のしっかりタイプ。そんなところが、お互いに気に入って結婚したはずなのですが……。

亮二さんからの相談内容は「妻は、基本的には優しい人なんですが、一緒にいると自分がダメ人間のような気持ちになってしまい、自信がもてなくなってしまうんです。別居したほうが

いいのか迷っています」というものでした。

つい先日もこんなことがあったそうです。

亮二さんが中心となって進めている仕事でトラブルが発生し、その対応に追われて疲れきって帰宅したときのこと。ただならぬ夫の表情にすぐに気づいた真奈美さんは、「どうしたの？何かあったの？」と声をかけます。亮二さんが、「うん。ちょっと、仕事でトラブっちゃって……」と話すやいなや、真奈美さんの質問攻撃が始まったのです。

「えっ！　トラブルって？」「大丈夫なの？」「出世に響いたりしないの？」「解決はしたの？」「〇〇さんに相談してみた？　相談したほうがいいよ！」

いつもこんな調子で質問してくる妻に、心配してくれるのはありがたいと思う反面、「放っておいてくれ！」と叫びたくなる衝動に駆られ、そのたびにグッと耐えているという亮二さん。

夫は〝信頼されて〟大きくなる

もしかしたら、亮二さんと同様、このような妻の言動を「ウザい」と感じている男性は多いかもしれません。基本的に女性は心配性の生き物です。早くいえば「おせっかい」なのです。

自分の母親を思い浮かべてみてください。いちいち口うるさいでしょう？

大人になったいまでも、何かと心配して口うるさく言ってくるのが母親というものです。妻も母親と同じ女性ですから、夫が困っているときには「どうにかして助けてあげたい」という気持ちが先に立ち、つい口うるさくなってしまうのです。夫を困らせたいと思って質問を連発したり助言をしたりする妻はいませんから。

しかし、そうはいっても男性はプライドの生き物。心配されたり、案じられたりするよりも「信頼してほしい」と思っています。心配されてばかりいると、亮二さんのように男としての自信を失いかけてしまうこともあります。

また、いちいち助言されたり指図されたりする妻と一緒にいることに苦痛を感じて、最悪の場合「離婚したい」とまで思い悩んでしまう男性もいるのです。

妻が言う「大丈夫」を鵜呑みにしてはいけない

いっぽう妻は、夫に「心配してほしい」と思っています。夫が悩みや不安を抱えているときは、妻に対して「信頼してほしい」と思っているので、余計なことは言わず黙って見守ってくれることを望んでいます。

そのため夫は、自分が望む扱いと同じ扱いを妻に当てはめてしまうことで、大きなミスを犯してしまうことがあるのです。

先日、気の合う友達、男女2対2で食事をする機会がありました。久しぶりの再会ということもあり、近況を報告し合っていたそのとき。男友達のひとり、知宏さんが、「オレ、離婚されちゃうかもしれない！」と、事の重大さと反比例するハイテンションで言いだしました。

それに対して、私たち3人の反応は「えー！　また？」。現在46歳の知宏さんは、10年前に離婚を経験し、6年前に10歳年下のかわいい奥さんと再婚した身。なので、私もほかの二人も知宏さんの話に興味津々。

内容は、こうです。知宏さんの奥さん、花絵さんは、現在フルタイムで仕事をしているバリバリのキャリアウーマンです。自分の考えをしっかりもった自立した女性で、サバサバして男っぽいところがありますが、実は料理上手で家庭的な面ももち合わせています。

「うちの妻はオレよりも男っぽいし、強いよ。10歳も下なのにしっかりしているんだよ。泣いたところも見たことないし」

知宏さんは、よくこんなふうに妻のことを私たちに話していました。

ところが、そんな妻がある日、知宏さんに言い放った言葉は……。

「貴方は、私のこと何もわかってない！　私がどれほど強い人間だと思っているのか知らないけれど、私もう限界！」

あぁぁぁぁ〜、なんて浅はかな男なんでしょう。いくらしっかりしていて強く見える妻でも、女性であることには変わりはないわけですし、強がっている妻ほど〝もろい〟ところがあるものです。ですからフォローは必須です。

知宏さんは、妻のことを「男っぽい」「強い」「しっかりしている」という勝手なイメージから、夫としての妻への対応を誤ってしまったのです。

その誤った対応とは……。

●妻が仕事のことで悩んでいたり、落ち込んでいたりしたときには、余計なことは言わず放っておいた。
●何か不満がありそうでピリピリしているときには、なるべく距離をおいた。
●家事に関しては、「オレも手伝うよ」と声をかけるけれど、いつも「大丈夫」だと言うので妻に任せっきりだった。

知宏さんは、妻が悩んでいるときや不安を感じているときにしてあげるべき理想的な対応とは真逆なことをしていたのです。たとえ強気に見える妻でも「心配してほしい」のです。「どうしたの?」「何かあった?」「話してごらん」と夫に言ってほしいのです。

いくら妻が「大丈夫」と言っても、その言葉を真に受けてはいけません。妻の「大丈夫」は「大丈夫ではない」という意味なのですから。

【夫へ】

妻は夫に「聞いてほしい」「気づいてほしい」のです

自分が深く考え込んでいるときには「話しかけてほしくない」「一人になりたい」と思うのが男性の心理ですが、女性の場合は逆です。悩みを抱えているときや困っているときには、優しい言葉をかけてもらいたいと思うのが女性の心理です。「妻の様子がおかしいな、変だな」と思ったら、迷わず〝気遣う言葉〟をかけてあげてくださいね。

【妻へ】

余計なことは言わず、グッと我慢！

夫が何やら深刻な顔をしているときには、むやみやたらに話しかけず、まずは少し離れた場所から見守ってあげてください。あまり口を出しすぎると、夫の〝自己肯定感〟が低くなったり、チャレンジ精神を失ってしまったりします。夫に対しては、心配アピールよりも〝信頼アピール〟が効果的です。「貴方なら大丈夫！」のひと言で夫は救われるのです。

7 理解不能なこと

夫は、意識的に「武勇伝」を言う
妻は、無意識に「服がない」と言う

ほとんどの男性は「尊敬されたい」と思っています。女性や子どもから「スゴイ！」と思ってもらいたいのです。どれだけスゴイのかを知ってもらう手段として、男性は「武勇伝」を語りたがる傾向があります。しかし、男性が堂々と語る武勇伝は、女性にとって理解不能なことが多く、ときには耐えがたい苦痛に悩まされることもあるのです。

夫が武勇伝を語るときは自信がほしいとき

結婚式を半年後に控えた有紗さん（28歳）から、婚約者の肇さん（30歳）との結婚に迷っているとの電話があったのはいまから3年前。交際期間1年半を経て、このたび結婚が決まったとのことで、本来であれば結婚式や将来のワクワクした話題でもちきりのはずですが……、どうも様子が変。

話によると、ここ最近、彼の「昔の栄光話」や「自慢話」が増え、それが鼻についてしかたがないというのです。

「結婚して一緒に生活するようになったら、毎日彼の自慢話を聞かなきゃならないと思うと、だんだん気分が落ちこんできて結婚に前向きになれなくなってしまって……」

結婚前に陥りがちな〝マリッジブルー〟であることは間違いなさそうですが、それにしても、彼の武勇伝がキッカケで結婚が破談になってしまっては、あまりにも切なすぎるではないですか。

有紗さんの彼にかぎらず、男性は往々にして武勇伝を語りたがります。たとえば、いままで付き合った女性の人数や、モデルと付き合ったことがあるとかいう「恋愛武勇伝」、昔はグレていてケンカばかりしていたという「どんだけワルだったか武勇伝」、学生時代は模試で全国10位以内に入ったことがあるという「成績優秀武勇伝」、芸能人の誰々と友達、政治家の誰々と同級生という「有名人と友達武勇伝」など。

女性が、「へー」のひと言ですませたり、「だからナニ?」って思ったりする内容ばかりですが、男性が武勇伝を語るときは、「自分の能力を認めてほしい」という心理が隠されています。「スゴイ人だね」と思ってもらいたいし、言ってもらいたいのです。

有紗さんには、まず、第1ステップとして「スゴイね」「面白いね」「大変だったね」というような感想を入れながら「彼の話に付き合ってあげる」ようにお伝えしました。

そして、第2ステップは「いろいろな経験をしたからいまの貴方があるんだね」と〝現在の彼〟を認めてあげること。

第3ステップは「私は〝いま〟の貴方が好きで結婚するの。だから、過去のことを話されると私がそこに参加できないから寂しい。過去のことではなくて、私も参加できる〝未来〟のことを一緒に話し合っていきたい」というニュアンスの話で、彼に〝ふたりの未来〟を意識づけるような会話をうながしていきましょう。

それでも効果がないようであれば、第4ステップとして「自慢話や武勇伝を話す人って、女性が最も嫌うタイプなんだよ」とハッキリ教えてあげましょう。それでもダメなら、もう「そういう男」として、あきらめて付き合っていくしかありません。

有紗さんの彼の場合、正式に結婚が決まったことで、男としての責任や結婚式に対してのプレッシャーを相当感じていたのでしょう。

第3ステップが効果テキメンだったようです。有紗さんに武勇伝を語ることで自分の能力を認めてもらい、そして、それを自信につなげたかったのだと思います。

その後、有紗さんは、「なんだか、彼がかわいく思えてきました。ただの自慢話としか受け取れなかった私も、精神的に追い詰められていたところがあったかも」と口にし、結婚式までの半年間を楽しみながら過ごす工夫をすると約束してくれたのでした。

このように、武勇伝を話したがる男性は、心のどこかで現在の自分に満足していなかったり、自分で自分を認めてあげることができない人だったりすることが少なくありません。そして、そのことを人に悟られまいとして、必要以上に自分を大きく見せようとしてしまうのです。つまり、自分を必死に守ろうとしている〝防衛反応〟であり、自信のなさの表れだったりします。でも残念ながら、武勇伝を聞かされる女性のほとんどは、そこまで深く考えながら話を聞いているわけではありません。なので、女性から見た武勇伝を語る男性は、「自慢話ばかりしているウザい人」という悲しい印象になってしまうので気をつけましょう。

なぜ妻は「着ていく服がない」とつぶやくのか

いっぽう男性が女性に対して理解不能なことは、クローゼットに溢れんばかりの洋服があるのに「着ていく洋服がない」と言い放つことらしいです。言われてみれば確かに……、私自身もよく言っています。

女性代表として「着ていく洋服がない」という言葉を正しく翻訳させていただくと、「いま着たい洋服がない」「何を着ていったらいいか悩む」という意味だと理解していただければと思います。

靴やバッグに関しても然りです。「履いていく靴がない」「持っていくバッグがない」。これに関しても、モノがまったく"ない"わけではなくて、「いま履きたい靴がない」「いま持っていきたいバッグがない」という意味なのです。

つまり、女の感覚としては、「〝いま〟着たい洋服がなければ、何もないのと一緒」だということです。ですから女性は次から次へと、そのときの気分に合った洋服や靴を欲しがるのです。女性であれば、誰もが身に覚えがあるこの問題。実は、解決したいと思っている人も多いのです。

どうして女性は「何を着ていったらいいか悩む」のでしょうか?

それは、クローゼットにあまりにも多くの洋服がありすぎるからです。一見、矛盾しているように思うかもしれませんが、人は選択肢が増えれば増えるほど迷ってしまうものです。ですから、多くの女性による「着ていく服がない」というつぶやきを止めるには、〝断捨離〟が有効なのです。

また、現代は物を買うこと自体が簡単で、24時間いつでもネットでお買物ができて、しかも手に入れやすい手頃な値段の洋服が増えていることも、考えなしにそれらを増やしてしまう原因のひとつです。

女性の「着ていく服がない」問題は永遠のテーマなのかもしれませんが、〝本当に着たい服〟にこだわれば、実は簡単に解決できる問題なのです。

【夫へ】

「着ていく洋服がない」＝「暑い」「寒い」と一緒

いつものように妻が、「着ていく洋服がない～」と言っているのを聞いたら、それは「暑い」とか「寒い」と言っているのと同じことだと思ってください。それくらい、妻にとっては無意識であり本心だということです。間違っても、「着ていく洋服なんか、いくらでもあるじゃないか」なんて〝まとも〟に答えてはいけません。

【妻へ】

夫の自尊心を高めてあげましょう

武勇伝を語りたがる夫は、「僕、スゴイでしょ？」って言っているのです。そう、子どもが、パパやママによくする行為と同じです。「ママ～、聞いて、聞いて！　僕、一人でオシッコできたよ！」と言う子どもに対して、無視したり怒ったりする親はいませんよね。「スゴイね～」「偉いね～」と言ってあげることで、子どもの自尊心も夫の自尊心も育つのです。

妻の「実家依存症」チェック

自分ではなかなか自覚できない「実家依存症」。夫が不満を溜め込んで爆発する前に、自己診断をして自分の状態を確認しましょう。貴女はいくつ当てはまりますか？

- □ とくに決まった用事はないが、週に4日以上自分の実家に帰る。
- □ 週に一度は実家に帰って一泊以上することがある。
- □ 週に一度以上、実家で食事をする。
- □ 夫から「実家に帰りすぎだ」と言われたことがある。
- □ 両親の言うことに、ほとんど逆らったことがない。
- □ 夫よりも両親の言うことを優先する。
- □ 相談事はまず母親にすることが多い。
- □ 夫や友達よりも母親と2人で買い物や食事に行くことが多い。
- □ 両親の勧めで実家の近くに住んでいる。
- □ 掃除や料理をするのが苦手だ。

0	➡	実家依存性ではありません。
1 ～ 3	➡	実家依存症予備軍です。夫へのフォローを増やしましょう。
4 ～ 6	➡	実家依存症かもしれません。夫が不満に感じている場合は、早急に対策を練りましょう。
7 ～ 10	➡	実家依存症です。夫は不満に感じています。実家とのかかわりをいますぐに見直して、夫との関係修復に専念してください。

第2章

夫婦の日常編

8 料理

夫は、いかに極めるか
妻は、いかに手を抜くか

「男子厨房に入らず」とは昔からある言葉ですが、現代の男性は「男子厨房に入る」と宣言している人も多くいます。そんな男性は〝婚活市場〟でのポイントも高いようです。40代以上の男性のなかには、未だに「男子厨房に入らず」を言い訳にしている人が少なくありません。しかし、これからの時代は少し考え方を改めないと、〝婿に行けない〟男性がいま以上に増えてしまうかもしれません。

夫の料理は自己満足か、はたまた愛か

男はこだわる生き物です。男性が物事にこだわり追求する能力は、女性のそれとは比べ物にならないし、狂気さえ感じることがあります。だからこそ一流といわれるカリスマは、どんな分野でも男性が多いのでしょう。

しかし、研究熱心なのは良いことですが、それを家庭で発揮しすぎると、夫婦のトラブルに発展してしまうことがあるので、ほどほどにしておいたほうがいい場合もあります。

春江さん（33歳）の夫、正和さん（38歳）が料理に目覚めたのは1年前。

その頃つわりがヒドくて、食べられる物はトマト、アイスクリーム、冷たい蕎麦、ポカリスエットだけだった春江さんは、冷蔵庫を開けても匂いに反応し、吐き気を催すほどでした。

正和さんは、常に体調を気遣い、家事も積極的にやってくれたそうです。水を飲んでも吐いてしまう春江さんを心配した正和さんは、とにかく「妻が食べられる物はないか」という一心で台所に立ちつづけたのです。

そして、夫がつくったキャベツとジャコのパスタを、春江さんが完食できたことをキッカケに、正和さんの料理魂に火がついてしまったのです。

現在、子育てに悪戦苦闘している春江さんですが、それと同時に夫の〝暴走〟に困り果てていました。とにかく凝りすぎなのです。

メニューはもちろん、食材や調理器具、最近では食べる順番まで指示される始末。「好きな順番で食べさせろ！」と心の中で叫びながら食べる食事は「ウザすぎて、美味しいのか不味いのかもわかりません」とのこと。

夫が料理をしてくれるなんて羨ましいかぎりですが、春江さんの悩みは深刻です。最近、どうやら夫はラーメンづくりにハマっているようなのです。

先日、大きな荷物が届き、それを嬉しそうに開封する夫を見ていたところ、中から出てきたのは、子どもがスッポリ入るくらいの大きな〝寸胴鍋〟だったそうで、「ラーメン屋でも始める気なのか？」と本気で心配している春江さん。実のところ、心配よりも怒りのほうが強いようでした。

「先月のクレジットカードの支払額が、夫が使った分だけでも10万円以上なんです！ それに、夫が使った後のキッチンもグチャグチャだし。こんな状態がずっと続くと思うと腹が立ってしかたありません」とのこと。

妻としては、確かに頭の痛い話かもしれません。春江さんは「自分は、切り詰めた生活をしているのに、夫は何も考えずにお金を使ってしまう」「結局、キッチンの片付けを手伝わされる」「夫の行為は嫌がらせだ」という〝不公平感〟から湧き起こる怒りを抑えられないようでした。

このような感情をずっと抱えたままにしておくと、夫のすることなすこと全部が鼻につくようになり、いずれ夫婦関係に大きなヒビが入ってしまう恐れがあります。今回の春江さんのように、いろいろな感情が混同している場合は、一つずつその感情を書き出して整理してみると、客観的な視点で自分を見られるようになります。

春江さんには、「夫に対する不満」と「夫の良いところ」を書き出してもらいました。そして、「事実」と「感情」を分けて考えてみるようお伝えしたのです。その結果、確認してみてわかったことがありました。

それは、春江さんの不満は、夫が料理に夢中なことでも、キッチンを散らかすことでも、寸胴鍋を買ったことでもなかったということです。

すべての怒りの根源は「夫の愛情を上手に受け取ることができていなかった」ということ。夫の正和さんが料理にこだわり出したのは、元はといえば妻への愛情からです。大きな寸胴鍋を買ったのも「妻に美味しいラーメンを食べさせてあげたい」という気持ちがあったからなのです。

しかし、春江さんは、夫の行為を「自分勝手な行動」「まるで嫌がらせだ」と受け取っていたために、怒りの感情に支配されていたのです。

そのような場合、もっと夫の気持ちに寄り添い、視点を変えてみることで、それまで見えなかったものが見えてくるようになります。そして、心情を理解してあげることができれば、暴走しすぎた夫に対して、怒りではなく「愛」で接することができるようになるのです。

事実、春江さんは夫に対する「考え方」と「とらえ方」を変えたことで、イライラすることがなくなってきました。すると、夫の態度にも少しずつ変化が現れてきたのです。

春江さんの意見に耳を傾けてくれるようになり、調理器具の衝動買いもしなくなった現在では、妻の専属シェフとなっているようです。

罪悪感は無用！　手抜きは賢い妻の工夫

料理が得意な妻も苦手な妻も、仕事をしている妻もしていない妻も、考えていることは基本的に同じです。それは、「いかに手を抜くか」ということ。

でも、ただ手を抜くだけでは妻としての〝プライド〟が許しません。そこに「見た目」と「美味しさ」、そして「栄養」という三つのバランスが整っていなければいけないのです。

料理好きな夫も増えているとはいえ、やはり〝家事番長〟として仕切るのは、まだまだ妻の役目である家庭が多いのが現状です。自分一人なら食べないですませてもいいところを、平日に家族が家にいる主婦は、一日3食つくらないといけないわけです。そりゃあ、手も抜きたくなります。というか、抜かないと何もできません。

賢い妻がしている時短料理の工夫三つ

1：休日にまとめて「常備菜」（保存食）をつくっておく
2：揚げ物や、野菜を下ゆでして冷凍しておく
3：いくつかのレトルト食品を常備しておく

【夫へ】

妻は貴方の「美味しかった!」が聞きたいのです

毎日忙しい妻の家事は、「時短」と「適当」で成り立っていると言っても過言ではありません。いかに手を抜き、効率的に家事をこなすかが大事なのです。仕事と同様に、家事も段取りが重要。冷蔵庫にある物でパパッとつくる妻の料理は〝作品〟です。その作品に対して、決して無言で終わらせないようにしましょう。

【妻へ】

夫を〝料理〟するのも妻次第

夫がつくる〝ザ・男メシ〟に、ひと言申したい気持ちをグッとこらえ、「嬉しい!」「美味しい!」とほめまくりましょう。そして最後に「またつくってね!」と、ニッコリ。夫を〝料理〟するのも妻次第です。ただし、夫を一人でスーパーに買い物に行かせるのは危険です。買ってきた品物とレシートを見てビックリ、なんてことも多発しているのでご注意ください。

⑨ 休日

夫は、ハラハラしている
妻は、イライラしている

休日の夫は、ノンビリするどころか〝ハラハラ〟しています。自分の家なのに、なぜ「ハラハラしてる夫」が多いのでしょう。それは妻の指令が、いつ、どんなタイミングで発動されるか〝まったく読めない〟怖さがあるからです。夫が良かれと思って自ら行動したことが、実は「地雷だった」なんてことも珍しい話ではありません。休日の妻は、優秀な霊能者でも見透すことが不可能なほど、突然〝イライラレベル〟がマックスになったりするのです。

休日に「妻がイラつく夫の行動」7選

（1）慌ただしく家事をしている妻にかまわずソファーで横になっている。
（2）こちらが言わないと動いてくれない。
（3）子どもと遊んでくれない。
（4）家族で予定していたことをドタキャンしたり変更したりする。

（5）一日中、家でゲームをしたり、テレビを観ていたりする。
（6）一人で出かけてしまう。
（7）妻が出かけようとすると機嫌が悪くなる。

よく妻が口にする、休日の夫に対しての不満をまとめてみました。こうして見てみると、妻は、夫が家にいてもいなくても不満であることには変わりはないようです。

ということは、妻をイラっとさせないために大事なことは、思いやりある「言葉がけ」や「対応」だといえるのではないでしょうか。

夫婦円満のコツは時間ではなく質が重要

秋穂さん（34歳）と蓮司さん（33歳）は、結婚2年目の共働き夫婦です。平日はふたりとも帰宅時間が遅いため、ゆっくり話をする時間がとれません。その分、土日はなるべく一緒にいる時間を増やし、家事をしたり買い物に出かけたり食事に出かけたりしていました。

ところが、ここ最近、休日になると必ずケンカになってしまうそうで、気まずい雰囲気のまま月曜日を迎える日が多くなっているというのです。

ケンカの原因は些細なことで、出かけるか出かけないかということだったり、トイレの電気がついたままになっていたとかいないとかだったり、スマホばかり見ているとか見ていないとかだったり……。

月日が経てば、結婚生活にも〝ゆるみ〟が出てきて当然です。そのゆるみが「心地いい」と感じられるように、もともと他人だった者同士、認め合って受け入れる努力をしていかなければ〝本物の夫婦〟にはなれません。

秋穂さんと蓮司さん夫婦は、いままさにお互いのゆるみをどう受け止めるのか天から試されているといってもいいかもしれません。

アラ探しをしてお互いをつぶし合うのも自由、それを〝アラ〟ではなくて〝新たな発見〟ととらえてふたりで笑い合うのも自由なのです。

あなたなら、どちらを選びますか？

そんな話をさせていただきながら、秋穂さんと蓮司さんには休日の過ごし方の提案もさせていただきました。それは、休日の二日間、ずっと一緒に過ごすことにこだわらないということです。

ところが、平日も仕事のため夫婦の時間が確保できないのに、休日も一緒に過ごせないとなると、お互いの気持ちが離れてしまうのではないか、という不安が強いようでした。

でも現実は、休日を一緒に過ごしているにもかかわらず、夫婦がギクシャクしているということを忘れてはいけません。

夫婦がお互いに心地よくいるためには、時間だけにこだわるのではなくて〝質〟を見直してみることで、新鮮な気持ちが生まれます。ふたり一緒に過ごす時間が長ければいいというものではないということです。

「一人で好きに過ごすとしたら、何をして過ごしますか？」とうかがってみたところ、「パンづくりが好きなので、まだつくったことがないパンに挑戦してみたいです。それから、雑貨屋さんめぐりもしてみたい」と秋穂さん。蓮司さんは「本が好きなので、ゆっくり本が読みたい」とのことでした。

それをお互いに実行すればいいのです。

「いいじゃないですか〜！　ゆっくり本を読んでいる蓮司さんに、秋穂さんが手づくりのパンとコーヒーを運んでくる光景が目に浮かびました！」

微笑ましい光景を勝手に想像する私を見て、ふたりは声をあげて笑っていました。

「休日は、夫婦一緒に過ごす」という意識にとらわれすぎると、いつの間にか「夫婦で同じことをして過ごさなければいけない」という感覚に襲われがちです。

そうすると、夫婦のどちらか一方が相手に合わせることになりますから、合わせるほうは、だんだんと苦痛になってくるのです。

そして、その後は自分のやりたいことをお互いに相手に押しつけ合うようになり、言い争いになるのが、よくあるパターン。

そうなる前に、それぞれ好きなことをして過ごすようにすればいいだけなのですが、そんな簡単なことさえ思いつかないほど視野が狭くなってしまうのも〝夫婦ならでは〟なのかもしれません。

秋穂さんと蓮司さんが、休日にしたいことは「パンづくり」と「読書」です。まずは、お互いの自由を尊重し、自分のやりたいことを楽しんで自分自身を満たすことが、夫婦ふたりの時間を充実させることにつながることを理解していただけたようです。

結婚したのはいいけれど、共働きのため、すれ違うことを気にしている夫婦は、秋穂さんと蓮司さん夫婦のように、無理をして一緒に休日を過ごそうとしてしまいがちです。

しかし、良かれと思ってしている行為が、逆にケンカを誘発してしまう場合があることを念頭においておく必要があります。

秋穂さんと蓮司さんは、「休日は必ず一緒に過ごす」というこだわりを捨てたことによって、気持ちが楽になってイライラすることがなくなったそうです。

せっかくの休日を、夫婦ゲンカで終わらせないためには、まずは自分で自分を癒してあげることが大事なのです。

【 夫へ 】

妻のイライラレベルを下げる方法

休日に妻が一人で忙しそうにしているときに、黙って見て見ぬふりをしていれば必ず雷が落ちます。そしたら貴方の休日も台無しです。自分にできることはないか確認してみましょう。また「いつも、ボーッとしている」と思われないためにも、今日することを宣言しておくのも効果的です。貴方の行動をある程度把握できていれば妻のイライラレベルは下がるのです。

【 妻へ 】

休日は「子どもが一人増えた」と思いましょう

休日に、イライラモードを発動させるのはエネルギーの無駄遣いです。夫と一緒に出かけたかったら「出かけよう」と普通に言えばいいだけ。掃除をしてほしければ「掃除機かけてね」と普通に言えばいいだけです。イライラするのもしないのも自分次第でどうにでもなるということ。まずは「子どもが一人増えた」と思うようにしてみましょう。

10 ストレス解消法

夫は、スポーツで汗を流す
妻は、韓流ドラマで涙を流す

「夫が一人でスポーツジムに行ってしまう」「草野球に行ってしまう」というような不満を聞くことがあります。行くこと自体が不満ではないようなのですが、でも、ほとんどの妻は夫のジム通いを阻止してしまうのです。運動をすることは、ストレス解消に大きな効果があることが科学的にも証明されています。したがって、このような行為は、いわば「夫のストレス解消を邪魔している」ことになってしまいます。夫がスポーツをすることを歓迎してあげるほうが、夫の気持ちがリセットされ、優しくなったり、問題と向き合ってくれたりする可能性が高まるのです。いっぽう妻のストレス解消法は「泣くこと」と断言する人が多いようです。

楽しみを奪うのではなく心に寄り添う

順平さん（50歳）から、妻の真央美さん（47歳）の「生活態度がどうにかならないものか」との相談がありました。半年前に、些細なことからケンカになり、それからというもの妻が家のことをしなくなってしまったそうなのです。

「〝些細なこと〟というのは、どんなことですか？」

「ほんとに些細なことですよ。もともと妻は大雑把なほうで、私はどちらかというと、きちんとしていないとダメなほうなんです。仕事から帰ったら、お茶を飲み終わったカップが出しっぱなしになっていたり、ソファーの上に雑誌がそのままになっていたりしたので、少しキツく言ってしまったのです」

「どんなふうに？」

「確か〝さっさと片付けろ〟と言ったと思います」

「奥様の反応は？」

「〝そんな言い方しなくても伝わるわよ！〟と言われて、それからしばらく言い合いになりました」

「そうですか。そのケンカがキッカケで妻が変わってしまったと感じているのですね」

「そうです。それからというもの、韓国のドラマを観はじめるようになって、私への当てつけのように、掃除や料理もしなくなりました。ヒマさえあれば一日何時間もドラマを観ながら泣いたり笑ったりしていますよ。まったく呆れます」

「順平さんは、奥様にどうしてほしいと思っているのですか？」

「韓国ドラマなんか観ているヒマがあったら、部屋を少し片付けるとか、クリーニングに出してあるワイシャツを取りに行ってくれるとか、いろいろできると思うんですよ。妻は仕事もしていますが、一日5時間くらいのパートですから時間は十分あるはずなのに、それをしないのは私への嫌がらせでしょう」

「なるほど。部屋を片付けるとか、仕上がっているワイシャツを取りに行くとか、ドラマを観るよりもそちらを優先させてほしいということですね」

「そうです。こっちは、朝から終電近くまで働いているのですから」

「奥様にはその要望を伝えたことはありますか？」

「何度もあります。でも、〝自分勝手なことばかり言わないで〟と言って、まったく直そうとしません」

「そのとき、どのような言い方で伝えましたか？」

「どのような言い方？　そうですね……〝ドラマなんか観ている時間があったら、家のことをしてくれよ〟と言いました」

これは私と相談者の順平さんとの会話の一部ですが、みなさんはどうお感じになりましたか？　男性の立場と女性の立場では、感じ方が異なると思いますが、このようなケースはどこの家庭でも起こり得ることです。
この夫婦のいくつかの問題点をまとめてみました。

(1) 夫が、妻を自分よりも「格下」だと思っている。
(2) 夫は、妻が「どんなことを大切に思っているのか」「何を求めているのか」を考えようとしていない。
(3) お互いに、相手に「伝わる言葉」で話していない。
(4) 建設的な「話し合い」をしていない。
(5) 夫の「○○すべき」「ねばならない」という考えが、妻に負担を与えている。
(6) 夫の妻への理解不足。
(7) お互い「感謝の言葉」「愛情表現」がない。
(8) 夫の妻への「価値観」の押しつけ。
(9) 夫が「家事」にまったく参加していない。
(10) 夫の言葉と態度が「威圧的」。

「妻をどうにかしたい」と思っているのなら、まずは〝自分をどうにか変える〟しか方法はありません。いまのままの順平さんでは、妻の真央美さんにかぎらず、どんな女性も反発したくなることでしょう。

順平さんが思っている「些細なケンカ」も、妻にとっては決して〝些細〟ではなかったのでしょうし、だいぶ前からガマンしていた感情が爆発したと考えるほうが自然です。また、妻が韓流ドラマを観て泣いたり笑ったりしているのは、それが妻にとってストレス解消になっているからです。

最近では〝笑う〟よりも〝泣く〟ほうが、ストレスレベルを下げてくれる効果が高いという研究結果もあるのです。「ストレスが溜まっているから〝泣こう〟」と、意識的に涙を流すことも有効だということです。

順平さんは、妻の楽しみを〝奪おうとする〟のではなく、もっと〝妻の心に寄り添う〟ことを学ぶ必要があります。

「自分が正しい」と信じて疑わなかった順平さんでしたが、夫婦問題は「正しい／正しくない」の考えをもちつづけているかぎり、改善にはつながりません。妻のことを家政婦としか思えないような扱いをすることは言語道断です。「必要な存在」「大切な人」だと思うのであれば思いやりをもって接してください。

ということで、現在「夫婦関係修復中」の順平さんを見守っています。

【 夫へ 】

泣かない妻は要注意！

泣かない妻は〝ストレスの塊〟かもしれません。「泣く」ということは、男性には馴染みのないストレス解消方法かもしれませんが、涙を流すことで、ストレスホルモンであるコルチゾールが減少するのです。なので、妻が泣いているときは、黙って見守りましょう。良いか悪いかわかりませんが、泣きおえた妻は、以前よりも強くなっていることでしょう。

【 妻へ 】

運動嫌いな夫は要注意！

夫がイライラしていませんか？ もしかしたら、上手にストレス発散ができていないのかもしれません。一緒に軽い運動を始めてみたり、外食に誘ってみたり、泣ける映画やＤＶＤを鑑賞したりすることをお勧めします。夫の様子を見て、ストレスをうまく発散させてあげるように誘導することも妻の役目かもしれません。

11 買い物

夫は、目的があるから買いに行く 妻は、目的がなくても買いに行く

夫婦でショッピングに出掛けても、妻はちっとも楽しくありません。なぜなら、夫がいちいちうるさかったり、急かしたりするので、ゆっくり商品を眺めて自分のペースで楽しむことができないからです。いっぽう夫は夫で、妻の買い物に付き合うほど疲れることはないと思っています。

妻との買い物は出口のわからない迷路

夫は、とにかく妻の買い物に付き合うのが苦痛です。百貨店に行っても大型ショッピングモールに行っても、一軒一軒ショップを見てまわり、洋服を試着してみたり、なんだかわからない小物を手にとってみたりする妻。でも買わない……。

夫にとって、妻の行動は意味不明なのです。

男性は、会話や行動に〝目的〟を求める生き物です。原始時代から、夫は食料を得る目的で

狩猟に出かけました。そのため、男同士の会話も、獲物を捕るために必要な会話が中心だったと考えられます。

それは当然でしょう。一つ間違えれば命をも落としてしまうかもしれない猛獣を目の前に、男が女房や子どもの自慢話をして盛り上がっているとはとうてい考えられませんから。

現代でも、目的や問題解決のための行動や会話が常に求められるのが男性社会です。ですから、目的がなくダラダラと何軒ものショップを見てまわる妻の買い物に付き添うことは、夫にとって、出口のわからない迷路を彷徨っているのと同じことであり、仕事よりも疲れることなのです。

男性にとっての買い物とは〝必要なものを買いに行く〟こと。つまり、目的を果たして初めて買い物が終了するのです。

ところが、女性の場合はそうはいきません。そもそも買い物なのに、買うことが目的でないこともあるからです。

妻にとって買い物は過程が大事

女性は、とにかく買い物が大好き！　季節感いっぱいのウィンドウの中で、マネキンがセンス良く着こなしている素敵なファッションを眺めたり、新作のブランド物のバッグやジュエリーを眺めたりしているだけで、まるで自分が身に付けているような気分になれるのが女という生き物です。

「何か好きな物を買ってあげるよ」と夫が言ってくれるサプライズを妻は内心期待していますが、それどころか、気づけばグッタリ疲れきっている夫。妻は、ため息とともに現実に引き戻されるのです。

以前、30代と40代の主婦4名に「普段の夫の言動」について取材したことがあるのですが、そのときに〝買い物中の夫の行動〟が話題になりました。面白いことに、4名全員の夫が「買い物中に行方不明になる」というのです。

「行方不明になる」とはどういうことでしょう？

つまり、いつの間にか隣にいたはずの夫の姿が消えていて、いつも妻が広い店内を探しまわったり、電話したり、LINEしたりするハメになるということらしいのです。

で、夫はどこにいるのかというと「トイレに行っていた」とか「書籍コーナーで立ち読みしていた」とか「子どもと一緒にソフトクリームを食べていた」とか……。

妻たちはみんな口をそろえてこう言います。

「心配になるから、ひと言声をかけてから離れて！」と。

昔とは違い、いまの時代は携帯電話があるので迷子にはならないにしても、さっきまで近くにいた夫の姿が突然消えてしまうのは、やはり不安になるものです。

そんな妻の気も知らず「疲れた。買う物を買って、サッサと帰ろう」と言う夫。それに対して「いろいろゆっくり見たいのよ」と言う妻。

ケンカになるのも時間の問題です。

ですから、自分の物を買いに行くのなら、一人で行くのが一番なのです。とはいっても、夫の物を夫婦一緒に買いに行く場合もあることでしょう。

しかし、夫の買い物なんて、せいぜい30分もあれば十分。ということは、その後は自動的に妻である貴女の時間になるわけです。

でも、想像してみてください。貴女がまったく興味がないショップを何軒も、何時間も引きずり回される光景を……。

「私、ここで待ってるから、好きに見てきて」と言いたくなりませんか？　夫は、貴女の買い物に付き合わされるたびに、きっと同じように感じていることでしょう。それどころか、「もう帰りたい」と思っています。

男性と違い、女性が買い物に行く目的は、モノを買うことだけではありません。女性は、買い物をする〝過程〟を楽しみたいので、そのことを十分理解してくれている夫でないと、お互いに満足した時間を過ごすことができません。

「これ、かわいいね～」「どっちが私に似合う？」なんていう会話を楽しみながら、あーじゃない、こーじゃないと言っているのが、妻にとっての買い物です。

ですからはじめは、「仕事用のバッグが欲しいの」と言っていた妻が、最終的にハイヒールを買って満足している……、なんてことや、結局何も買わずに帰ってきた……、なんてこともよくあります。

つまり、妻にとっては、目的がなくフラフラすることも、予定外の物を買ってしまうことも、何も買わないことも、全部ひっくるめて買い物なのです。

そんな女性の買い物に対する意欲は、男性にはなかなか理解しづらいところがあるかもしれませんね。

基本的に女性は、目にするものは何でも欲しくなってしまう性質で、しかも目移りしやすいという厄介な生き物です。五感を通じていろんな情報を素早くキャッチできるので、そのたびに必要か必要でないかを考えたり、自分なりの結論を導きだしたりしているわけです。

妻の買い物の付き添いを嫌がる夫が多いなか、そんな女性の性質を理解して「これ、かわいい～」と一緒に楽しんでくれる夫は、きっとこれからも妻に愛されつづけられることでしょう。

現代の妻たちは、そんな「女子力の高い夫」を求めているのです。

【 夫へ 】

妻との買い物は「散歩」と「脳トレ」の時間

妻との買い物は、街をブラブラしに行く散歩のようなものだと思っておいたほうがいいでしょう。もしくは、「コレとコレ、どっちがいいと思う？」という質問にうまく答える「脳トレ」の時間だと心得てください。イライラをぶつけるのではなく、その〝過程〟を一緒に楽しんでしまったほうが、貴方にとってもストレスなく過ごせる唯一の方法です。

【 妻へ 】

夫は早く解放されたいと思っています

誰にも邪魔されず、ゆっくり、じっくりショッピングを楽しみたいのなら、一人で行くにかぎります。夫が疲れた顔をしていたり、興味なさそうな顔をしていたりしたら要注意。イライラしだす前に、時間を決めて別行動をするとか、どこかで休んで待っていてもらうとか、ケンカになるのを防ぐためにも工夫が必要です。

12 お金

夫は、自由にお金を使いたい
妻は、計画的にお金を使いたい

「結婚したら、彼の浪費グセはなくなるはず」「子どもが生まれたら、きっと夫も無駄遣いをしなくなるにちがいない」。そんな幻想を女性は抱きがちです。しかし、人生の大イベントである結婚をしても、ふたりのお金の価値観は〝いっこうに近づかない〟というのが現実。その理由は、将来に対する夫の想像力が乏しいからにほかなりません。

妻に隠れて借金を繰り返すダメ夫

結婚当初から、加奈さん（31歳）は、夫の「お金」に対する〝だらしなさ〟に悩んでいました。

夫の悠斗さん（33歳）と結婚したのは6年前。ところが、結婚してすぐに夫の借金が発覚。結婚前には、「借金はない」と言っていた夫の言葉を信じていただけに、加奈さんはショックを隠しきれませんでした。しかも、そのお金は、すべてパチンコに使ってしまったというダメ夫ぶり。さっそく、同居している夫の両親を含め、4人で家族会議を開いたのです。

その結果、今回の件に関しては、残金80万円を夫の両親が一括返済してくれることで話がまとまりました。両親に戒められた悠斗さんは「二度としない」と誓い、クレジットカードを加奈さんに差し出したのです。

しかし、加奈さんとしては、また同じことを繰り返すのでないかという不安が消えることはありませんでした。

そして半年後、そんな加奈さんの予想が的中してしまうのです。最近やけに飲みに行く機会が多いし、お小遣いの値上げ交渉もしてこなくなったし、「これは絶対におかしい」と感じた加奈さんは、単刀直入に「お金、借りてないよね？」と訊いてみたのです。

すると「ゴメン！　でも、前みたいな金額じゃなくて、今回は30万円くらいだから」と言う夫。こういう問題は「金額の問題だけではない」ということがわかっていないようです。悠斗さんはキャッシングするために、新たなクレジットカードをつくっていたのです。

夫曰く「先輩として、後輩に奢るために必要だった」「仕事のストレスを家に持ち込まないために、パチンコでストレスを解消した」とのこと。

加奈さんは、夫の考えの甘さに言葉を失いました。

今回のことは夫の両親には伝えず、ふたりで話し合った結果、夫が自分の月々のお小遣いを減らしてもいいと言ってきたので、加奈さんが管理しながら返済をしていくことになったのです。

それから間もなくして、加奈さんの妊娠がわかり、そして待望の男の子が誕生しました。しかし、悠斗さんの借金グセと無駄遣いは、相変わらずだというではありませんか。

そんな夫に不安と不満を抱きながら、「どうしたら夫の借金グセがなおるのか」と、加奈さんからお電話をいただいたのです。

ライフプランの「見える化」で夫の想像力を掻き立てる

そこで私が提案したのはライフプランを紙に書き出して表にしてみることです。

悠斗さんは子どもが生まれたこともあり、父親としての責任をまったく感じていないとは考えられません。

しかし、妻は子どもが生まれる前から母親としての自覚が芽生えますが、夫は自分の子どもが生まれても父親になったと自覚するまでに時間がかかり、ピンとこないのが本音なのです。

ということは「お金」に関しても、実際にどのくらい使っているのかわかっていない無駄遣いのことを、いくら言葉で諭しても理解してもらいづらいということです。したがって、今後の家族の年齢に合わせた収入と支出の金額を予想してライフプランを「見える化」することで、夫の意識を早めに改善できる可能性が高まることをお伝えしました。

試しに加奈さんが、夫が一日に2箱吸っているタバコ代が年間どのくらいの支出になっているのかを計算してみると……。1箱460円、1日に920円だから、920×365＝335800円!?


「頭では理解しているつもりでしたが、数字になって目の前に表されると、衝撃的ですね」とつぶやいた加奈さんは、「これからの将来、子どもに必要な教育費なども計算して紙に書き出して、夫と話し合ってみます！」と、鼻息を荒くして電話を切ったのでした。

それから、約3カ月後のことです。「夫が別人のようで、まだ信じられません！」と、うわずった声で電話がありました。

加奈さんの話によると、あれから家族のライフプランを紙に書き出し、夫に見せながら話し合ったそうです。

今後の夫の収入や自分の収入と、想定される支出を計算してみたところ、いまのままでは子どもを大学まで行かせてあげることが難しいことが夫にもわかり、「何年後には、いくらお金が必要だ」ということがハッキリしたので、「いまやるべきこと」が明確になったということでした。

そしたら、ナント！　嬉しいことに夫が「禁煙する」と言いだしたそうで、いままで使っていたタバコ代と同じ金額を、毎日ブタの貯金箱へせっせと貯金しているというのです。しかも、パチンコに行く日も減り、行かない日は、行ったつもりになってパチンコ代を貯金箱へ投入しているというではありませんか！

女性は、結婚すると現実の生活を見て将来の生活に不安を抱いてしまいがちです。ですから、とくにお金のことには敏感なのです。

その点、男性は家族の何十年先までも見据えてお金のことを考えている人はそれほど多くはありません。なので、妻に何も相談せずに車を買い替えてしまうような大きな買い物を突然したりするのです。

夫婦の金銭感覚を合わせるためには、今後のライフプランの「見える化」をして、将来の目的を一致させることが有効です。

また、夫がお小遣いに関して不満を抱えている場合、妻への不満となって返ってきますので注意が必要です。年収１０００万円の夫のお小遣いを月３万円に抑えている妻を見かけることもありますが、それはいくらなんでも夫がかわいそうです。

いい大人の男性が、部下にご馳走ひとつできないお小遣い事情では、余計なお世話とわかりつつも夫の人間関係が心配になってしまいます。

夫の立場を考えながら夫婦で話し合ってみましょう。

【夫へ】

お小遣いアップには妻への完璧な〝プレゼン〟が必要

女性は結婚する前から、結婚後のおおよそのライフプランが頭の中にできあがっています。お金にうるさい妻は、将来的な家族の幸せを真剣に考えているからこそ、目の前の現実に不安を感じてしまいがちです。まずは妻を安心させてあげられる内容の〝プレゼン〟ができれば、お小遣いアップも期待できるかもしれませんよ。

【妻へ】

目的が明確になれば夫の金銭感覚が変わります

男性の金銭感覚は、独身のときと大きく変わることはありません。家族の未来予想図を具体的に描くのは、夫よりも貴女のほうが得意なはずです。お金に対してザックリとした感覚しか持ち合わせていない夫には、目的を明確にして数字を算出し「見える化」することで、目的に向かう意識を高めることが可能です。

13 友達・同性

夫は、共通の趣味で友達になる
妻は、共通の境遇で友達になる

「友達づくり」は、明らかに男性よりも女性のほうが得意です。妻は初めて会った人でも2時間も話せば、もう何年も前から友達だったような感覚になれたりします。しかし、夫の場合はそうはいきません。「話しただけ」で友達という感覚にはなかなかなれないものです。男性はサッカーや野球をして共に戦ったり、釣りやゴルフを一緒に楽しんだりしながら友情を育んでいく傾向があります。基本的には個人的に深入りしない単純な話で終わり、あと腐れなくサラッとしていたりするのが特徴です。そして、女性は誰とでも簡単に友達になれるのはいいのですが、その分トラブルも多かったりします。女の世界には、女にしかわからない根深い〝闇〟があるのです。

「二人め」の妊娠を妬むママ友

梨代さん（35歳）には、幼稚園に通う4歳の男の子がいます。

「二人め」の子どもが欲しいと1年ほど前から妊活していますが、なかなか授からず、イライラして夫に八つ当たりしてしまうこともありました。

そんなとき、同じ幼稚園に通い、同じく4歳の男の子がいるママ友の浅香さん(35歳)に、二人めの子どもが欲しいのにできないことや、夫とのケンカのことを何気なく話したところ、偶然にも浅香さんも「二人めが欲しいのにできない」という同じ悩みを抱えていることを知りました。

お互いの年齢も、子どもの年齢も性別も同じという共通点もあったことから、梨代さんと浅香さんは、この日を境に電話やLINEでも頻繁に連絡をとり合うようになりました。お互いの自宅にも行き来するようにもなり、そして二人めの子どもができない者同士、励まし合ったり、同情し合ったりして〝友情〟を深めていったのです。

しかし、この友情は長くは続きませんでした。梨代さんが、念願だった「妊娠」をしたのです。それを知った浅香さんは、あからさまに梨代さんを無視するようになり、いままで普通に交流していたほかのママたちの態度も明らかに変わってしまったのです。

「妊娠したとたんに、私をバカにしたような目で見るようになった」

「アノ女は性格が悪い」

「いい気になっている」

浅香さんが梨代さんのことを、このようにママ友たちに言いふらしているという事実を、ほかのママ友に聞いて初めて知ることとなったのです。

身に覚えのない梨代さんは、その後、人間不信に陥ってしまい、ママ友同士で話をすることに恐怖感を抱くようになってしまいました。

家に引きこもるようになった梨代さんを見て、様子がおかしいことに気がついた夫の敬也さん（38歳）は、事情を聞いたりアドバイスをしたりしましたが、一向に妻の様子が変わらないので心配になって私に連絡をしてきたのです。

梨代さんのような専業主婦の妻は、仕事をしている主婦に比べ、どうしても行動範囲や人との交流が狭くなりがちです。普段の付き合いも、子どもを通じたママたちがほとんどで、友達もいわゆる〝ママ友〟が中心となってしまうのが現実でしょう。

ママ友として知り合い、その後も良い関係が続き、「本当の友達」としてお付き合いしている人が大勢いることも事実です。

しかし、悲しいですが、なかには「心を許しすぎないほうがいい人」がいることも認識しておかなくてはいけません。

人の心理として「自分との共通点が多い人ほど親近感が湧き、好感がもてる」ということがありますが、人によっては、その〝共通点〟が一つでも失われたとき、「裏切り」とか「妬み」

といった〝ねじれた感情〟をあらわにして攻撃してくる人もいます。

今回の梨代さんのケースでいうと、ママ友の浅香さんが、まさにそのタイプです。いままで信用していた人物から攻撃された場合、ダメージは大きいでしょうが、基本は「毅然とした態度」でいることです。

考え方によっては「世の中には〝こういう愚かな人〟もいる」ことをあなたに〝教えてくれた人〟でもあるわけですから、ありがたい存在といえるかもしれません。

それから、当たり前ですが、そのような人物から「好かれよう」と思わないことです。無理に接触する必要もありませんし、あからさまに無視しても、あちらと同じレベルになってしまいますから、そこは大人の対応をしておくほうが無難でしょう。

また、親同士の関係が悪いからといって、子ども同士の友達関係を親の都合で切ってしまうのも、あまりにも酷な話です。その辺は難しいところではありますが、子どもは子ども、親は親、と割り切ったほうが精神的に楽になります。

自分をわかってくれる人は必ずいます。いまの梨代さんは「ママ友は期間限定」ととらえ、家族のサポートを素直に受けながら、元気な赤ちゃんを産むことを中心に考えていればいいのです。

敵でも相手の意気込みや結果を評価するのが男

いっぽう男同士は、女性にはなかなかできないキッカケから友情が生まれたりします。代表的なのが、「本気の戦い」や「本気のケンカ」です。

たとえば、チームで戦うスポーツや、一対一での殴り合いのケンカの後でも、ガッチリ握手をしていままで以上に仲良くなってしまう……。そんなテレビドラマのワンシーンを見たことがありませんか？

男同士の場合、敵やライバルであっても、相手の「意気込み」や「結果」を評価する傾向があるため、その後の友情につながりやすいのだと感じます。

お互いに違った価値観であっても、友達だったら「認めよう」とするのが男。友達なら「同じ価値観であるはず」と思うのが女。その意識の違いが「女の友情は崩れやすい」と言われることにつながっているのでしょう。

女である私も、女同士のゴタゴタに巻き込まれるのはご免こうむりたいと思っています。

近年ではSNSの普及もあり、一度も会ったことがない人も「友達」というくくりだったり、誰が聞いてもヒドイと思うことをされているのに、友達だと信じて疑わない人もいたりします。

世界中の人たちとつながることも簡単にできる、こんな時代だからこそ、「本当の友達」を見極めていくことが今後の人生の豊かさにもつながるのだと感じます。

【夫へ】

妻にとって「おしゃべり」は活力へのエネルギー補給

妻にとって「友達と会って話をする」ということは、ストレス発散であり、毎日の活力へのエネルギー補給でもあります。妻たちのそんな至福の時間を、「くだらない」と一喝したり制限したりする夫がいることも確か。妻を気持ちよく送り出してあげる貴方の理解が、元気な笑顔を生みだすのです。妻の笑顔は、家族のみんなの幸せを生み出します。

【妻へ】

夫に「友達づくり」を勧めましょう

家族を放ったらかしにして友達と遊ぶことしか考えていないような夫は問題外ですが、ある程度の友達付き合いは、大目に見てあげたほうが、老後、貴女が苦労せずにすみます。歳をとってから濡れ落ち葉のようにまとわりついてくる夫は大変ですから、友達がいない夫へはいまから「友達づくり」を勧めたほうがいいかもしれません。

夫の取扱説明書

夫の「基本生態」がわかれば、無駄な衝突を防ぐことができ、もっと楽に生きることができます。

(1) 妻の問いに黙ってしまうことがあります。この場合、故障ではありません。「考え中」「感情の整理中」「考えているが、わからない」「言葉が見つからない」ということが考えられます。イライラせず、時間を与えてください。

(2) テレパシーは通じません。動いてほしいときは、その内容を具体的に説明する必要があります。

(3) 一度に複数のことはできません。その代わり、一つのことに集中することが得意なので、内容によっては威力を発揮します。

(4) 頼られると喜びます。

(5) 曖昧な言葉は通じません。わかりやすい言葉で、優しく言うと伝わります。

(6) ほめることが苦手ですが、ほめられるのは好きです。ほめられたい場合は、先にほめてみることをお勧めします。

(7) 存在を忘れて放っておかれすぎると、機嫌が悪くなります。ときどきかまってあげることを忘れないでください。

(8) センサーが鈍い構造になっています。そのため、察知能力も高くはありませんのでご了承ください。

(9) 構造は単純ですが、「プライド」が内蔵されていますので、傷つきやすく、逆ギレしやすいのが特徴です。十分ご注意ください。

(10)「一人の時間を与える」「労う」「能力を認めてあげる」ことで、長持ちします。

第3章 家庭・家族編

14 家事

夫は、教えてほしい
妻は、自分で考えてほしい

ここ数年で、夫の家事分担に対する意識がだいぶ変わってきました。とくに20代、30代の若い世代の男性は、結婚後の家事分担意識がとても高いと感じます。時代が変われば意識も変わるものですね。とはいっても、時代に合わせて妻の不満も変わりますので、これまた厄介な話です。

妻のひと言でスタートする〝魔のゲーム〟とは？

突然ですが、ときどき夫婦間で繰り広げられる〝魔のゲーム〟をご存知でしょうか？

魔のゲームとは、妻のひと言で突然始まる、終わりの見えないゲームのことです。別名を〝自分で考えなさいゲーム〟ともいいます。ゲームの内容は簡単です。妻のしてほしいことを、夫が自分で考えて行動に移し、妻を満足させればいいのです。

とくに時間制限などはありません。ゲームの終了は〝妻のみぞ知る〟という、夫にとっては地獄のようなゲームなのです。このゲームのルールは、妻本人に答えを聞いてはいけないということです。

「どうしたら妻が満足してくれるのか」「何をしたらいいのか」を妻に尋ねても「自分で考えて！」と一喝されるだけなので、夫は食器を洗ったり、洗濯物を畳んだりしながら妻の様子をうかがうのです。

冗談だと思っている人もいるかもしれませんが、実際にこの魔のゲームのスパイラルにハマってしまった夫は数しれず。

巻き込まれないポイントは妻への日頃の気遣い

公務員の真司さん（40歳）も、この魔のゲームに巻き込まれ、脱出方法を教えてほしいと相談に訪れた一人です。妻の杏子さん（36歳）は専業主婦。もうすぐ1歳になる息子と3人で暮らしている結婚5年目の夫婦です。

妻の杏子さんは、もともと気が強いところがありましたが、子どもが生まれてからとくに言葉や態度がキツくなったと真司さんは言います。

仕事が休みの日や平日の夜にも、家事や育児に協力しているそうですが、ある日の夕食後、真司さんが食器を洗い終わってリビングでテレビを見ていると、妻の杏子さんに怒り口調でこう言われたそうです。

「食器を洗っただけで〝家事に協力的な夫〟だなんて勘違いしないでよね！」

杏子さんの言い方にカチンときた真司さんでしたが、そこはグッと抑え「そんなこと思ってないよ。何かしてほしいことある？」と答えました。

それに対して返ってきた言葉は「そんなこと自分で考えなさいよ！」。

さあ、始まりました。妻のこの言葉が魔のゲームのスタートの合図です。

それからというもの真司さんは、お風呂掃除をしたり、子どもを寝かしつけたりしたそうですが、妻の態度は変わらず冷たいまま。その後もピリピリした嫌な空気のまま時間が過ぎていきます。

「こんなとき、何をすれば正解なのかがわからない」

と困り果てた様子の真司さん。では、この場合、真司さんはどうすれば魔のゲームに巻き込まれずにすんだのでしょうか？

残念ですが、この「自分で考えて！」のフレーズが妻の口から飛びだしたときには、もう何をしても〝手遅れ〟というのが正直なところです。「この日は一日あきらめて後日リベンジしてください」としか言いようがありません。

はじめにお伝えしておきますが、こうなったときの正解は〝ない〟と思っておいたほうがいいでしょう。

でも「もっとこうすれば妻の機嫌も違ったのでは？」という点でお話すると、食器洗いが終わった後に、妻に対して〝プラスアルファ〟の言葉がけをしてあげることができたら今回のような結末にならずにすんだかもしれません。

たとえば「コーヒー飲む？」とか「マッサージしてあげる」とか「いつも家のこととしてくれてありがとう」など、育児で疲れている妻を思いやる気持ちが垣間見える言葉がけをすることで、妻のストレスは一気に和らぐのです。

夫は〝するべきこと〟が具体的にわかれば動く

今回のケースは、真司さんが食器を洗いおわってからすぐにテレビを見はじめた行動が、「オレの役目はこれで終了～」というふうに見えて、杏子さんとしては「主婦に終わりはないのに！」という思いから魔のゲームを開始してしまったと考えられます。

魔のゲームまでいかないにしても、たいていの妻は、夫に対して「自分で考えて率先して動いてよ」と思っています。

しかし、女性のようにアレコレ考えながら一度に多くのことができないのが男という生き物です。その代わり、男性は〝やるべきこと〟が明確であれば、妻よりも丁寧にキチッと家事をこなしてくれたりするのです。

してほしいことを具体的に伝えずに夫に考えさせる妻が多く存在しますが、実は「時間の無駄」以外何ものでもありません。

もし、どうしても夫に毎日同じことをしてほしければ、決められた一連の動きができるよう〝ルーティン化〟すればいいのです。

ときどき、かゆいところに手が届く天然記念物のような夫に遭遇することもありますが、そんな夫は本当にまれです。

その夫も、はじめから天然記念物だったわけではなく、妻によって毎日コツコツ鍛えられた「人工記念物」であることがほとんどだということを覚えておきましょう。

多くの夫が怖れているのは「◯◯ちゃんの夫は、いつも忙しいのに料理も洗い物もしてくれるし、休日は妻がゆっくり休めるように子どもを遊びに連れて行ってくれるんだって」なんていう情報を、どこからか妻が仕入れてくることです。

「みんな、どこの家もそうみたい」なんて言われた日には、「〝みんな〟って誰だよ！」なんて、つい突っ込んでしまいたくなる夫も少なくないはず。

「夫の比較大会」は、ほどほどに！

【夫へ】

妻を労わる言葉がけ「一日一言」を！

妻は、夫が家族のために仕事を一生懸命頑張っていることをわかっています。でも、自分も家事や育児で毎日ヘトヘトだということをわかってほしいし、認めてほしいのです。妻を労わる言葉がけを「一日一言」伝えるだけで、貴方のために妻は笑って過ごせます。妻が笑っていることが、貴方にとって一番の幸せのはずではありませんか？

【妻へ】

夫にしてほしい家事の内容や方法を紙に書き出しましょう

多くの夫は、妻の役に立ちたいと思っています。どうすれば貴女が喜んでくれるのか「具体的に教えてほしい」と思っているのです。効果的なのは、具体的に指示をだすことと、してほしい家事や流れを紙に書きだして夫の目につくところに貼っておくこと。やるべきことが明確になれば、夫は積極的に協力してくれますよ。

15

妊娠・出産

夫は、時速10キロで父親になる 妻は、時速100キロで母親になる

妊娠や出産は、結婚生活を始めて最初に訪れる〝夫婦の危機〟のキッカケになってしまうかもしれないターニングポイントでもあります。近年話題なっている「産後クライシス」という言葉をご存知でしょうか？　産後クライシスとは、出産後に夫婦間のトラブルが増え、良好な関係が築けなくなってしまう現象のことです。女性は、出産によってさまざまなホルモンバランスの変化があります。そのホルモンによって、母親モードに変化することで、夫を拒絶したり攻撃的になったりすることがあります。子どもには愛情いっぱいで女神のような微笑みを浮かべる妻が、夫に対しては般若のごとく牙を向けることが増えるのもこの時期なのです。

妻は夫が思っている以上に深刻に考えている

妊娠、出産の時期と重なる夫婦トラブルの相談は数えきれないほどありますが、今回は美波

さん（31歳）のケースをご紹介します。結婚3年目の美波さんと夫の克也さん（32歳）は、もうすぐ5カ月になる女の子のママとパパです。

未だ学生気分が抜けない克也さんは、仕事を言い訳に毎晩お酒を飲んで深夜に帰宅するため、子どもとはもちろん、美波さんとのコミュニケーションもほとんどとれていない状態です。「これじゃ私一人で子育てしているのと同じじゃない！」と、ついに美波さんはブチ切れ、大ゲンカになってしまいました。

その後、夫の帰宅時間が少し早まったという変化はあったものの、それもたったの1週間。いまはまた元に戻ってしまったそうで、育児や家事を、まるで他人事のようにしか思っていない夫に毎日腹が立って、いまでは顔を合わせるのも嫌でしかたがないということなのです。「怒ったり泣いたりしている顔しか娘に見せることができないなんて、母親として申し訳ない気持ちでいっぱいです」

美波さんは、夫と離婚したほうがいいのか真剣に悩んでいました。産後のホルモンバランスの乱れに加え、夫の協力が得られない孤独感を抱いてしまうような精神状態が続くと、「産後うつ」になってしまい、最悪な状況になってしまう可能性もあります。

そこで私は、次回ご主人を付き添いというかたちで「一緒にカウンセリングに付いて来てほしい」と話してみるよう美波さんにお伝えしました。

2週間後、美波さんと夫の克也さんがカウンセリングに訪れました。克也さんは「妻の付き添い」という認識でしかないようでしたが、私には別の目的がありました。

それは、夫に「専門家から見た妻がどのような状態なのか」という〝深刻度〟を知ってもらうためと、「妻が離婚まで考えて本気で悩んでいる」という〝夫婦の危機感〟を実感してもらうためです。

案の定、夫の克也さんは妻のことを「口うるさい」としか感じておらず、真剣に対策を考えていませんでした。また、まさか妻が離婚まで考えているとは思ってもいなかったようで、私の話を聞く克也さんは明らかに動揺していました。

美波さんは、夫が飲み会に参加することや、帰宅時間が遅いことを不満に思っているわけではなくて、「気持ちに寄り添ってくれない」という不満から、孤独感や不安感へと感情が変わり、嫌悪感へと変化してしまったと考えられます。

その結果、いまでは「私の味方になってくれない憎い人」という感情が大半を占めている状態であるという妻の心情を、克也さんに〝通訳〟しました。

やっと現状の深刻さと危機感を把握した克也さんは、それまでの言動を改めることを誓い、「いままで、一人で背負わせてしまってゴメン」と妻に謝罪しました。

とはいっても、これからが夫婦にとっての正念場です。

「ふたりでやり直す」と決めたからには、まずは克也さんに、出産にともなう女性のホルモンバランスの変化についても認識してもらう必要があります。そのほか、生活習慣の改善や妻へのサポートの見直しも必要です。

美波さんはというと、何もかも嫌悪感で片づけるのではなく、〝夫を認め、受け入れる努力〟が必要になってくるでしょう。

夫は「鈍行電車」、妻は「新幹線」

このふたりのケースのように、夫の協力が得られないことから起こるトラブルや、また妻の感情の起伏が激しすぎることで夫が精神的に追い詰められてしまうなどのトラブルは、出産前後の夫婦に非常に多くみられます。

妻が精神的に不安定な時期にもかかわらず、夫は「父親になる」「父親になった」という自覚に乏しく、例えるなら〝鈍行電車〟で走行中です。

しかし、妻は猛スピードの〝新幹線〟で母親になっていくので、夫はその感覚についていけないのです。そのため、妻から見た夫は「子どもが生まれたのに何も変わらない夫」「何もしない夫」にしか見えず、妻は妻で、夫は夫で、そのギャップに苦しんでしまうのです。

そんなときの妻は「夫のアラ探し」と「自分の被害者意識」だけに集中している状態なので、

〝視点〟を変えてみることが大事です。

たとえば「夫は、私が指示を出さないと何も手伝ってくれない。大変なのはいつも私だけ」という不満がある場合、まず「指示を出せば手伝ってくれる」という事実がある点に着目してください。次に、「指示を出さなくても手伝ってくれるようになるにはどんな工夫が必要か？」と考えてみましょう。

ゴミ出しのように毎週収集日が決まっているようなことは〝夫の仕事〟としてお願いするとか、「妻が食事をつくったときは夫が洗い物をする」など、「私が〇〇したときは、××してね」という内容を明確にしておくと、夫も動きやすくなります。

自分のイライラだけに集中してしまうと、改善策や解決策の見つけ方がわからなくなってしまいます。そんなときは、自分を客観視してみましょう。

「本当はどうしたいか」

「どうしてほしいのか」

「そのためにはどうしたらいいのか」

が見えてきます。

産後クライシスに陥りやすい時期だということを認識していれば、必ず冷静に対処できます。

夫には、焦らず、興奮せず、具体的に説明することを心がけてくださいね。

【夫へ】

最低でも一日10分は妻の話を聞きましょう

出産後の妻はママになった喜びと同時に、不安やプレッシャーもかなりのものです。そんなときに、夫がかけた何気ない言葉だけではなく、日頃の〝姑〟の発言までもが、夫婦間の亀裂を生んでしまうことがあります。一日10分でいいので、妻の話に耳を傾けてあげましょう。そして「母乳をあげる以外は、すべてサポートできる」ということを意識してみましょう。

【妻へ】

「心」と「身体」の声に従いましょう

自分の「心」と「身体」の声に耳を傾けてみましょう。育児や夫のことでイライラしたり、自信を失ったりすることもあるでしょう。でも「ママ初体験」なのですから、いろいろな感情が湧き上がって当然です。そして、夫も同じく「パパ初体験」です。貴女以上にうろたえ、戸惑っています。力を貸してほしい内容を具体的に伝えて協力してもらいましょう。

16 育児

夫は、ときどき育児に参加したい
妻は、ときどき育児を休みたい

先日、原宿の近くにあるイベントスペースの前を通りかかったところ、とても微笑ましい光景を目にしました。10台以上のベビーカーが留まっていたので「ママさんたちが大勢集まっているのね」と思いながら通り過ぎようとしたとき、中からゾロゾロと、子どもを抱っこした外国人男性が出てきたのです。どうやら、ママと子どものイベントではなくて、外国人のパパと子どものイベントのようでした。日本人のパパたちも、子どもと一緒に参加できるイベントに興味をもってくれる人がもっと増えたらいいのに……、と感じた瞬間でした。イベントに参加して「パパ友」ができれば、情報交換しながら新たな発見もあるのではないでしょうか。

「三食昼寝付きなのに何がそんなに大変なの？」と言う夫

結婚しても仕事を辞めずに働きつづける女性が確実に増えてきています。また、子どもが生まれてからも、1年と待たずに職場復帰する妻も多く、いまでは昔とは違い、共働き夫婦が当たり前となりつつある時代です。

そうなると、家事や育児の大半を妻一人で担うことに、当然ムリが生じてきます。しかし、思うように夫の協力が得られていないのが実際のところです。

働くママにかぎらず、育児ストレスを抱えた新米ママからの相談も増えており、家族の協力はもちろんのこと、社会全体でのサポートを、もっと真剣に考えていかなければいけない時代でもあると感じています。

「オマエはいいよな、毎日子どもと遊んでいればいいんだから」

味方であるはずの夫に、こんなふうに言われて心を痛めている妻がいます。残念ですが、「専業主婦＝楽」という方程式をつくりあげている夫がまだまだ存在するのです。そのような夫は「普段から楽をしているのだから、育児や家事は妻がやって当然」という思考になりがちです。

千鶴さん（30歳）の夫、和馬さん（32歳）が、まさにそんなタイプの夫でした。

息子の遥斗くんは8カ月になったばかり。夜泣きがヒドく、さらにいまは「伝い歩き」ができるようになったことで、毎日目が離せない状況に千鶴さんはかなり疲れている様子でした。

千鶴さんの夫への願いは、ただ一つ。「もっと育児に協力してほしい」ということ。

子どもがいると、自分の食事などおちおちできず、キッチンで立ちながらお茶漬けをかき込むなんてこともしばしば。

せっかく畳んだ洗濯物を、かたっぱしからグチャグチャにしていく息子。そして、千鶴さんの姿がちょっとでも見えなくなると、大声で泣きわめきながら家中を探しまわるので、用を足しているときもトイレのドアは開けっ放しにしているそう。

そんな状況を夫に話しても「また愚痴？」とイヤな顔をされ、「疲れた」「大変」と何気なく口にしただけで「オレのほうが疲れている」「三食昼寝付きなのに何がそんなに大変なの？」と、気持ちをまったく理解してくれないことに、怒りと悲しみでいっぱいになるのでした。

実は、多くの夫が勘違いしていることがあります。それは、妻が「育児をする」のが大変で疲れると思っていること。

妻は育児をすること自体が大変ではないのです。自分のやりたいことが〝やりたいタイミング〟でできないことに強いストレスを感じ、それが大変だと言っているのです。子どもの世話をすることが嫌なわけではないのです。

このように、夫が思う「大変」と、妻が感じている「大変」の意味が、まるで違っているのですから、わかり合えるはずがありません。

子どものためにはママの気持ちの余裕が最優先

そんな夫に、妻の本当の大変さをわかってもらうためには、実際に体験してもらうのが一番です。始業時間があって、1時間の昼休みがあって、就業時間になったら帰宅できる〝仕事〟とは「わけが違う」ということに、少しでも気がついてもらえたら、妻の気持ちは救われることでしょう。

そのためには、できることなら休日の朝から夜まで一日、夫に子どもを預けてしまうことです。その間、妻は友達とドライブに出かけるもよし、一人で日帰り温泉を楽しむもよし。自分の時間を思いきり満喫するのです。

「一日預けるのは抵抗がある」という人は、まずは半日でもかまいません。2時間でも3時間でも、一人になれる時間をつくる工夫をしてみてください。

子どもと離れたり預けたりすることに罪悪感をもつ必要はまったくありません。それよりも、ストレスが高まり、感情的になって子どもに当たってしまうことのほうが、よっぽど子どもがかわいそうです。

最初は千鶴さんも子どもと離れることに不安を抱いていましたが、不慣れではあるけれど預けるのは夫であり、子どもの父親なのですから、それほど心配する必要はありません。

さっそく計画を立てて実行に移すことになりました。ちょうど1カ月後に友達の結婚式に出席することになっていた千鶴さんは、子どもは実家に預けようと思っていましたが、実家の都合が悪くなったという設定にして夫にお願いしてみることにしたのです。

そして、その後1カ月を過ぎた頃に千鶴さんから報告メールが届きました。

「最初は心配でしたが、思いきって実行してみて良かったです。事前に離乳食やオムツ替えのことなどをレクチャーしていたのですが、当日は私が出かけたとたんに主人から電話がきたりして悪戦苦闘しているようでした。

でも、この日は割りきって楽しもうと思っていたので、その後は主人と子どものことは気になりませんでした。帰宅後、夫はグッタリしていましたが、子どもは元気でした(笑)。そして、この日を境に、主人が積極的に私をサポートしてくれるようになったのです！　子どもを寝かしつけてくれたり、休みの日は公園に連れていったりしてくれるようになりました。

また、主人が〝子育て中の主婦って、ホント大変だな。オレ、尊敬するわ〟って言うのを聞いたときには、心がふっと軽くなるのを感じました。これからも家族3人で頑張っていきます。本当にありがとうございました」

このようなメールをいただくたびに「この仕事をしていて良かった！」と、明日に向けてパワーアップする私なのであります。

【夫へ】

育児中の妻に「一人になる時間」を！

「子どもの世話をする」という考えにとらわれるよりも、「妻のサポートをする」という考え方にチェンジすると、貴方が「パパとして」だけではなく「夫として」できることがもっと見えてきます。たとえば「自分のことは自分でやるようにする」「妻が一人になれる時間をつくってあげる」など。平日に、話をじっくり聞いてあげるだけでも、妻の精神は安らぐのです。

【妻へ】

何もかも貴女一人で抱え込む必要はありません

育児も家事も完璧にしようとしていませんか？　少しくらいテキトーでも、何かが大きく変わるわけではありません。夫が協力的でないのは「何を、どうやったらいいのかわからない」ということもあります。山本五十六の「やってみせ、言って聞かせて、させてみて、ほめてやらねば人は動かじ」という有名な言葉があります。夫も、まさにその通りなのです。

17 子どもの教育

夫は、自分と同じ道に進んでほしい
妻は、自分と違う道に進んでほしい

夫婦の意見の相違によって起こる問題のなかで、離婚に発展してしまうこともある問題のひとつが「子どもの教育方針の違い」です。この問題は夫婦にとって、子どもが大切な宝であるがゆえに起きてしまう問題ともいえるでしょう。子どもを大切に思う気持ちは夫婦のどちらも同じであって、「子どもの幸せのために」と向かう方向も同じであるはずなのに、ぶつかり合ってしまう夫婦を見るたびに悲しい気持ちになります。教育方針をめぐって対立している夫婦のなかには、本来の目的を忘れてしまっている人もいます。「子どもの幸せのため」ではなくて「自己満足のため」としか思えない主張を押しつけ合って対立している夫婦も少なくないのです。

叶わなかった夢を娘に押しつける妻

夫の幸太さん（40歳）は、開業して4年目になる歯科医師です。妻の薫子さん（37歳）は、現

在専業主婦ですが、結婚前は大手広告代理店のＯＬをしていました。子どもは二人。長女、綾香ちゃん8歳と、長男の空くん6歳。

夫、幸太さんの悩みは、妻の子どもに対する教育が暴走しすぎていることへの不満と心配でした。とくに長女の綾香ちゃんに対する教育ママぶりは、夫から見ても狂気を感じるほどだというのです。

幸太さんの話によると……。

薫子さんは幼い頃、バレリーナになるのが夢だったそうなのです。しかし、両親は〝普通のＯＬ〟になって早く結婚することを望んでおり、薫子さんは自分の夢をあきらめ、親の望む道へ進むことを選びました。

薫子さんは常々、「娘が生まれたらバレリーナにするわ」と言っていたそうで、女の子を授かったとわかったときは、たいへんな喜びようだったそうです。そして、長女が3歳になったと同時にバレエを習わせはじめました。

それだけなら幸太さんも問題はなかったのですが、長女の習い事は年々増えつづけ、いまではバレエと学習塾のほかに体操、水泳、ピアノと、エスカレートしていることが気がかりなのです。

娘の綾香ちゃんは、8歳にもかかわらず毎日疲れた顔をしていて、ときには「今日は、お教室に行きたくない」と口にすることもありました。

しかし妻は、娘がそのようなことを口にしようものなら、ヒステリックに声を荒らげ、「そんなことママは許しません！　一日でも休めばお友達についていけなくなってしまうでしょ！」とすごい剣幕で怒るのだそうです。

見かねた幸太さんが、「女の子だし、まだ8歳なんだから、そこまでやらせることはないだろう」と言っても、「普段から子どもたちに多くかかわっているのは私です！　貴方は口をださないで！」と聞く耳をもちません。

また、妻は長男の空くんには将来、医者になってほしいようで、すでに三つの教室に通わせています。

幸太さんは、できれば長男には自分と同じ歯科医師になって跡を継いでほしいと思っていますが、いまの妻のやり方には抵抗があり、ケンカが絶えない状況に頭を悩ませていました。

このように、妻が子どもの教育に入れ込んでしまう背景には、妻自身が叶えられなかった夢を子どもに託したいという思いのほかに、夫の妻への〝愛情不足〟ということも考えられるのです。

つまり、夫婦関係が満たされていない分、妻は子どもと深くかかわることで、心の隙間を埋めようとしてしまうのです。

幸太さんも思いあたる節があるようでした。

仕事が忙しく、子どものことは妻に任せっきり。

「子どものことで相談がある」と言われたことが何度もありましたが、話が長くなるのが面倒で、適当に聞き流してきたそうなのです。


会話もない、スキンシップもない、そのような状態を放置してきた代償が、子どもの将来への〝過剰な執着〟だったのかもしれません。

この時点で夫の幸太さんがしなければいけないことは、子どもに対する妻の言動を制止することではなくて、まずは妻の渇いた心に愛情を注いであげることです。

幸太さんは半信半疑ではありましたが、この日から、とにかく妻の心に寄り添うことに集中しました。

仕事中でも手が空いたときには妻を気遣うメールをしたり、帰宅後は夫婦で話をする時間を優先的にとったり、外出したときには数年ぶりに手をつないで歩いたそうです。

「はじめは抵抗していた妻も少しずつ変わってきて、穏やかな表情でいることが多くなってきました」

その言葉を聞いた私は、幸太さんに〝いまがタイミング〟であることを伝えました。いまなら妻の薫子さんも、夫の助言を聞き入れてくれる可能性が高いと感じ、子どもの進路やしつけの見直しについて夫婦で話をするチャンスだと思ったのです。

いくら自分たちの子どもであっても、親が勝手に将来を決めてしまうのは間違っています。優先しなければいけないことは〝子ども本人の気持ち〟です。親は子どもの良いところをさらに伸ばせるようにサポートしたり、将来的に選択肢を与えてあげたりすることを考えた教育が理想的なのではないかと感じています。

その後、幸太さんからメールが届きました。妻との話し合いは穏やかに進められたそうで、今後は子どもの気持ちを尊重しながら夫婦で協力し合って子どもたちをサポートしていくことになったそうです。

また、夫婦の会話が増えたことで、子どもたちの表情が以前よりも明るくなったという報告も受けました。子どもは大人以上に感性が豊かだったりしますから、親の変化には敏感なのです。それまで子どもなりに我慢していたことも多かったのでしょう。

本来、夫婦は敵同士ではなく味方同士のはずです。お互いの意見が食い違うことがあったとしても、「子どもの幸せのため」という目指すところが一緒であれば、軌道修正することは可能なのです。

そのためには、まず夫婦間の〝愛情〟を見直してみてくださいね。

【夫へ】

妻に任せっきりだと意見が通りにくくなります

妻は子どもの進路やしつけ、健康など、夫に相談したいことや伝えたいことが山盛りなのです。子どものことを妻に任せっきりにするのではなく、積極的にかかわりましょう。任せっきりにしていると、いざというときに聞く耳をもってもらえません。そして、子どもの教育に関して話をするときは、妻を信頼して尊重しながら意見をすり合わせていくことが大切です。

【妻へ】

夫は「敵」ではなく「味方」です

子どものことになると、つい熱が入りすぎてしまう人も多いことでしょう。貴女が一生懸命になればなるほど、夫と意見が合わなくなってきたりもします。でも、夫は「敵」ではありません。貴女と同じく子どもの将来を真剣に考えている「味方」です。お互いの意見を押しつけるのではなく、いったん聞き入れてから、子どもにとって最善の方向を一緒に探りましょう。

18

嫁姑問題

夫は、嫁と姑を仲良くさせようと考える
妻は、姑と縁を切ろうと考える

年齢を重ねた女は、どうして〝余計なひと言〟を言いたくなってしまうのでしょうか？　嫁にとって、自分の夫も所詮〝他人〟。そうなると、夫の母親、つまり姑は、嫁から見たら〝もっと遠い他人〟なのです。その当たり前の事実を理解せずに、結婚した途端に、夫婦もその両親も、〝家族〟になることを急ぎすぎてしまうために「嫁姑問題」が勃発するのです。とくに、姑側の嫁に対する扱いが非情だったり、無神経だったりすることから起こるトラブルが目立ちます。

家族になるのを急ぎすぎた姑、「死んでほしい」と願う嫁

川崎雅也さん（37歳）と、歩美さん（38歳）の結婚披露宴当日の出来事でした。

新婦の歩美さんの控え室にやってきた義母の明美さん（65歳）は、「おめでとう」とニッコリ微笑んだ後、「これからは川崎家の嫁として、ちゃんと言うことを聞いてもらいますから、よ

ろしくね」と言って自分たちの控え室へ戻っていきました。

歩美さんは、お義母さんの言葉に少々違和感を覚えたものの、その場は「はい」と言うことしかできませんでした。その後、新婚旅行から帰り、車で15分ほどの場所にある夫の実家にお土産を持っていったときのことです。

「お土産の渡し方が悪い」「新婚旅行から帰ってきたのなら、もっと早く連絡を入れなさい」と、歩美さんは姑から説教されてしまうのです。

この様子を見ていた夫の雅也さんが、母親に向かって「ちょっと、いきなり硬いこと言わないでくれよ。母さんは細かすぎるよ」と言ってくれたことで歩美さんは、だいぶ救われた気持ちになりました。

しかし、これはまだ〝序章〟にすぎなかったのです。披露宴の〝アノとき〟から、歩美さんは姑を「キライ」になりました。そして、新婚旅行のお土産を持っていった〝ソノ日〟に「大キライ」になりました。そして、とうとう「死んでほしい」と思うような出来事が〝コノ日〟に起きてしまったのです。

川崎家の法事があり、親戚が大勢集まったときのことです。初めてだらけのことばかりで、何をしていいのかわからない歩美さんは、台所で洗い物をしていました。

すると、そこへ姑がやってきて「そんなことはいいから、お酌をしなさい。まったく、歳ばっかりくって気が利かないんだから」と吐き捨てたのです。このときばかりは、歩美さんも堪忍袋の緒が切れ、食器を投げつけてやろうかと思ったそうですが、そうする勇気もなく、ただ流れる涙を拭うことしかできませんでした。

このように嫁姑の間柄で、マイナスの感情をいったんもってしまうと、それをプラスどころか「ゼロ」にもっていくことさえ、たいへん難しくなります。

嫁と姑をムリヤリ仲良くさせようとする夫

しかしながら、夫は呑気なもんです。自分の母親と妻は「仲良くなれるはず」という根拠のない思い込みがあって、妻が悲痛の訴えをしているにもかかわらず、真剣に取り合ってくれない夫が多いこと多いこと。

歩美さんの夫、雅也さんも、はじめのうちこそ妻をフォローする場面もありましたが、ときが経つにつれて、だんだんと他人事のような扱いをするようになっていったのです。

法事の翌日、歩美さんはお義母さんに「〝歳ばっかりくって気が利かない〟と言われて、とても傷ついた」と夫に話しました。当然、夫は自分の味方になってくれて一緒に憤慨してくれるだろうと思っていた歩美さんは、返ってきた彼の言葉に耳を疑いました。

「そんなに神経質になるなよ。なんで、もう少しうまくやろうとしてくれないわけ？　女同士仲良くしてよ」

夫の言葉はさらに歩美さんの心を傷つけました。嫁姑問題を解決に導くためには〝夫〟による母親への働きかけや、妻への共感が最も重要であることを雅也さんは認識していないようでした。

慣れない場面で一生懸命に親族の人たちと馴染もうとしていた歩美さんでしたが、姑には心無いことを言われ、味方になってくれると信じていた夫にも気持ちを理解してもらえない……。このような状況が、妻にとってどれほど悲しくて孤独なことなのか、世の中の夫はもっと想像力を働かせる必要があると感じます。

歩美さんはそれ以降、夫の実家に行くことを拒否し、姑とも話をしなくなりました。すると姑は今度、息子である雅也さんに「歩美さんは嫁としてなっていない」「ちっとも家に遊びに来ない」など、グチグチ言いはじめたのです。

だんだんと母親のことをうっとうしく感じはじめた雅也さんは、対応が面倒になったのか、歩美さんに「お願いだから、今度一緒に実家に行ってくれないか」と懇願してきました。

そこで今回、歩美さんから「夫の実家に行ったほうがいいのか？　本心は姑と縁を切りたいくらいだけれど、夫とは離婚したくありません。今後の姑との付き合い方に悩んでいます」というご相談をいただいたのです。

姑とうまく付き合うコツは「仲良くなろうと思わない」こと

「夫の実家に行ったほうがいいのか？」については、行っただけでは根本的な解決にはなりませんが、行かないよりは行ったほうがいいでしょう。というのも、離婚しないかぎり、今後も夫の両親と顔を合わせる機会は必ずあるはずなので、これ以上溝を深めてしまうことは、歩美さん自身が、より苦痛を感じてしまうと思われるからです。

「今後の姑との付き合い方」については、特別に仲良くする必要はありません。〝適当〟でよくて、これ以上関係を悪くしなければいいのです。冒頭でもお伝えしたとおり、姑は夫以上に他人なのですから、うまく付き合えなくて当然だと考えましょう。うまくいく嫁と姑は、はじめからなんとなく〝ウマが合う〟ものです。

自分らしく、そして穏やかに過ごすためのポイントは、姑と対決しようとしたり、相手を変えようとしたりしないことです。姑の言いなりになることともまた違います。適当に話を合わせ、適度な距離をおき、言われて嫌なことは、やんわりと、でもハッキリと伝える。

どちらが上とか下とか、そんなものはありませんが、やはり姑のほうが年の功だけ経験を積んでいるのは確かなのですから、その辺はわきまえた言動をお忘れなく。

歩美さんは今後のことを考え、連絡を避けていた姑に歩み寄ることを選びました。「適当にやり過ごせばいい」と思うことで、感情的にならずにすんでいるとのことです。

【 夫へ 】

100パーセント妻の味方になりましょう

自分の母親に貴方が多少キツイことを言っても親子の絆は崩れないでしょう。しかし、妻にキツイことを言ってしまった場合、そこで信頼も愛情も一瞬にして崩れてしまうことがあります。まずは妻の気持ちを十分に受け止めてあげてください。そして嫁姑が干渉し合わない、ほどよい距離感で付き合えるように心配りをしてあげてください。

【 妻へ 】

姑には「教えてください」のスタンスでいれば間違いなし

姑に言われた言葉を「どう解釈するか」は人それぞれですが、ネガティブにとらえてばかりいては、お互いの気持ちを誤解したままの関係ができあがってしまいます。まずは姑と舅が出会った頃の話や、夫が子どもの頃の話など、いろいろな話を聞いたり質問したりしながら、姑のことを「知る努力」をしてみましょう。「いろいろ教えてください」のスタンスで!

19 親の介護

夫は、すべて任せようとする
妻は、すべて背負い込もうとする

誰もが他人事ではない、親の介護問題。妻は「長男の嫁」「嫁いだ身」「義理の両親と同居」という立場であることで、夫の両親の介護を任されることが少なくありません。「夫の親の介護は嫁の務め」という風潮がある日本では、夫側も妻側もそれが当たり前という考えの人も少なくないことから、家族崩壊の危機に追い込まれてしまうこともあります。

新婚夫婦に突然ふりかかった親の介護問題

以前、「親の介護」に関する相談で、私自身とても考えさせられたケースがありました。相談者は桃子さん（33歳）。桃子さんと夫の慶次さん（39歳）は、結婚相談所を通じてお見合いをし、1年前に結婚しました。

慶次さんは5年前に母親をガンで亡くし、一人暮らしをしている父親（65歳）と、隣の町で暮らしている独身の弟（36歳）がいます。慶次さんと桃子さんの新居は、夫の希望もあり、夫の実家から車で15分ほどの場所に決めました。

ところが、結婚して半年も経たないうちに、義父が脳梗塞で倒れ、右半身が不自由になってしまったのです。

桃子さんは、結婚前から「子どもを授かるまで仕事は続ける」という条件を慶次さんに伝えていました。ですが、父親がこのような状態となってしまったため、夫の慶次さんは桃子さんに「仕事を辞めて父親の介護をしてほしい」と言ってきたのです。

これまでも、桃子さんは有給休暇を取り、病院と夫の実家を行ったり来たりしてお世話をしてきたのですが、実の息子である夫はいままで一日も会社を休むことなく、すべての用事を桃子さんに押しつけていました。

桃子さんは、夫に「私が仕事を辞めることを前提にしないで、貴方や貴方の弟がもっと協力してくれるよう考えてほしい」と話をしたところ、夫からは信じられない言葉が返ってきたのです。

「嫁が夫の親の介護をするのは当然だろ？　何のために近くに住んだと思っているんだよ」

いままで私もさまざまな暴言を聞いてきましたが、この夫の言葉も「思いやりのない言葉ベスト3」に入るくらいの無神経な言葉です。

また、私が気になったのは、ふたりは結婚数十年の夫婦ではなく、まだ1年弱という「新婚」だということです。

夫婦としてもこれから、家族としてもこれから。お見合い結婚だったこともあり、夫婦としての〝信頼関係〟もこれから育んでいかなければいけないふたりです。そこに、義父の介護問題……。

正直言って、まだ30代前半の新妻の身に降りかかる問題としては「残酷すぎる」と感じずにはいられませんでした。そして、私は「自分だったら、どうするだろう」「自分の身内だったら、どうアドバイスするだろう」と考えさせられました。

桃子さんは、夫から言われたこともあり「結婚したからには義父の介護は嫁として当然なのかも」という思いと、「今後、夫の協力は得られるのか」「子どもが生まれたら、私は介護と育児をどう両立したらいいのだろう」という不安で眠れない日が続き、心療内科への通院もしていました。

そして、その医師から「夫婦で一度よく話をしたほうがいい」と言われたそうで、夫婦で話し合いをする前に桃子さんが一人で相談に訪れたのです。しかし、このときすでに桃子さんの気持ちはほぼ固まっていました。

私のような第三者と話をすることで、自分の現状を客観的に見つめて、気持ちを再確認したかったのです。桃子さんは、夫に言われた「嫁が夫の親の介護をするのは〝当然〟だろ」という言葉が頭から離れず、「夫婦でいる自信がない」と言いました。

そのような価値観の夫との生活を続けながら、まだ数回しか会って話をしたことがない義父の介護。仕事も辞め、もしかしたら子どもも諦めなくてはいけないかもしれないという不安。

「そのような人生を送るために結婚したんじゃない。離婚したい」

でも、この結婚生活を終わりにしたら、人から「冷たい人間だ」と責められるのではないか。「自分勝手だ」「逃げている」と言われるのではないか……。そう思い、桃子さんは決断ができずにいました。

私は桃子さんに問いかけました。

「誰に〝冷たい人間だ〟と責められると感じているのですか？」

「冷たい人間だと誰が困るのですか？」

「どうして自分勝手だと思うのですか？」

「逃げたらいけないと思うのはなぜですか？」

「人間、逃げてもいいときもあるんじゃないですか？」

桃子さんは少し考えた後、大きく「フーッ」と息を吐き出しました。

「私、まわりの人からどう思われるかばかり気にしていました」

そう言って、桃子さんは自分のなかで決断したようでした。どう決断しても「どっちが正しくて、どっちが間違っている」ということはありません。自分が決断したほうが〝正しい〟のです。

「冷たい人」「自分勝手」「逃げている」と思う人もいるかもしれないけれど、そう思わない人だっている。人の意見が全部一致するほうがおかしいのです。自分の人生を左右する重大な決断をする際には、「人がどう思うか」ではなくて「自分がどうしたいか」という基準で考えないと、きっと先行き苦しくなるでしょう。

また、結婚したからには〝責任感〟も当然あるでしょうが、介護はきれいごとだけではできません。そして、物理的なフォローだけでなく、家族に「おもいやり」と「感謝の気持ち」をもらったり、与えたりしなければ、協力しつづけていくことは難しいのです。

しかし、誰もがこのような結論に至るわけではありません。夫の慶次さんに少しでも桃子さんを思いやる気持ちや行動があったなら、きっとこのようなことにはならずにすんだと思えてなりません。

桃子さんはそれからすぐに夫に離婚したい旨を伝え、実家に帰りました。しかし、夫の慶次さんが離婚に同意してくれないため、現在、離婚調停を申し立て中です。今後の桃子さんの相談は、〝離婚について〟が中心になりそうです。

【 夫へ 】

引き受けすぎ、任せっきりではなく、バランスを！

他人事ではない「親の介護問題」。貴方が仕事を長期間休んで介護にかかりきりだったり、妻に任せっきりだったりしても、お互いに負担になってしまうだけでしょう。自分たちの体力や精神力を保ちつづけられるようにするためにも、兄弟を頼ったり、専門機関の援助を受けたりするなど柔軟に対応し、〝バランス〟を考えることが大切です。

【 妻へ 】

いまから〝もしも〟の話をしておきましょう

「私はお義母さんの介護はしません！」と宣言している人、宣言できる人は、ストレスを放出できるタイプなので、それほど心配する必要はないでしょう。しかし、ハッキリと自分の気持ちを言えない人、責任感が強い人は、一人で抱え込んでしまいがちです。お互いの両親の介護問題について、いまのうちに少しずつ夫婦で話し合っておくことも必要です。

「もしかして私も?」　産後クライシス診断

「産後クライシス」は、出産前と出産後のホルモンバランスの変化が大きく影響されると言われています。自分の精神状態を客観的に見つめ直してみることで、夫婦関係が改善する可能性が高まります。

- □ 出産して2年以内だ。
- □ なんとなく毎日イライラする。
- □ 夫が家事や育児に協力的ではない。
- □ 自分でも理解不能な怒りの感情が湧き上がって、夫に当たってしまうことがある。
- □ 妊娠当初よりも夫への愛情が減っていると思う。
- □ 身内や友達に悩みを相談するのを躊躇してしまうタイプだ。
- □ 夫とコミュニケーションが十分にとれていないと感じている。
- □ 子どものことで精一杯で、夫にかまっている時間がない。
- □ 夫との些細なケンカが増えた。
- □ 夫とのスキンシップが苦痛だ。
- □ 本気で離婚を考えたことがある。

0 ➡ 産後クライシスではありません。
1～3 ➡ 産後クライシス予備軍です。夫とのコミュニケーションを増やしましょう。
4～6 ➡ 産後クライシスかもしれません。現状を見直す話し合いが必要です。
7～10 ➡ 産後クライシスです。離婚を避けるためにも、早急な改善をお勧めします。

第4章 夫婦のコミュニケーション編

20 会話

夫は、ハッキリ言ってほしい
妻は、本心を読み取ってほしい

女性同士の会話は主語がなくても意味が通じたり、「アレ」「コレ」「あの人」という指示詞で会話が成り立ったりするので、つい男性にも同じような微妙な表現で話が通じると思ってしまいがちです。また「それが大間違い!」ということに気づけず、「わかってくれない相手が悪い」と思ってしまうのも女なのです。男性は女性に「勝手に腹を立てて機嫌が悪くなる前に、ハッキリ言ってほしい」と思っています。

なぜ妻が怒り出すのかまったくわからない夫

つい先日も、こんなケースがありました。相談に訪れたのは会社員、圭介さん(38歳)。妻、麻衣さん(33歳)とは結婚3年目で、共働き夫婦です。

ある日、麻衣さんが風邪をひいて会社を休むことになりました。朝食の支度をしようとする麻衣さんを、圭介さんは「自分でするから寝てていいよ」と気遣いました。

「ありがとう。じゃあ、お願いね」と言って寝室に向かいかけた麻衣さんでしたが、突然「熱っぽいときって、冷たいフルーツゼリーとか食べたくならない？」と、話しかけてきたのです。

それに対し圭介さんは「そうだね。子どもの頃、熱が出たときによくミカンの缶詰とか、フルーツゼリーとか親が買ってきてくれて食べた記憶あるよ」という話をしたそうです。話の内容としては、とくになんの問題もない他愛のない話です。

しかし、仕事から帰った圭介さんを待っていたのは「お帰りなさい」ではなく「あれ!? フルーツゼリーは？」という麻衣さんの言葉。

「えっ？〝フルーツゼリー買ってきて〟って言われてないけど？」

「〝買ってきて〟とは言ってないけど、普通だったら買ってくるでしょ！」

その後、麻衣さんは気が利かない夫に腹を立て、自室に閉じこもったきり出てこない状況が何時間も続きました。

風邪気味の妻の体調も心配だった圭介さんは、急いで近所のコンビニにフルーツゼリーを買いに行ったとのことです。

「このような妻にいつも振りまわされています。どう対応すれば機嫌良くいてくれるのかわからないので疲れてしまうのです」と言う圭介さん。

この話を〝女性〟が聞いたら、「フルーツゼリーを買って帰らない夫がおかしい」とか「言葉のニュアンスで普通わかるでしょ？」と思うかもしれませんが、実は多くの男性がかなりの割合で圭介さんと同じ判断をしてしまいます。

妻の曖昧な表現は愛を確認したいから

そう、圭介さんが何気ない雑談だと思っていた麻衣さんの「熱っぽいときって、冷たいフルーツゼリーとか食べたくならない？」という言葉こそ、妻にとっては重要なメッセージであり、夫への〝要望〟だったのです。

ここで、「そんなのわかるわけがない！」という夫たちに、暗号ともいえる妻のメッセージを読み解くヒントを伝授しましょう。注目するポイントは「語尾」です。

「○○したいと思わない？」と、一見、普通の質問、共感を求めているように思われる言い方ですが、これは同意を求めていて、なおかつ「同じ考えなら実行してね」という気持ちが込められているのです。もっといえば、「必ず実行しろ」という命令でもあるのです。

また「○○したいな〜」というように、ただの独り言としか思えない言葉こそ、絶対に聞き逃してはならない〝妻の本音〟が隠れている最重要言語だと思ってください。

妻は自分が発した言葉の「裏の気持ちをわかってほしい」、つまり「本心を察してほしい」

と思っています。

妻がハッキリものを言わない理由のひとつは「拒否されたら悲しいから」。でも「言わなくても本心に気づいてほしい」という複雑な気持ちがあるのです。

また、妻なりに夫に対して「いろいろ言うと迷惑かな」という気遣いや「ワガママだと思われたくない」という気持ちがあったりします。「私のことを愛しているのなら夫は当然わかってくれるはず……。そう思いたい」という〝賭け〟のような気持ちで曖昧な発言をするのが女なのです。

ちなみに、70代の私の母も、80代の父にこの技を使って、面倒なアイロンがけを父にやってもらっています（笑）。

「アイロンかけるの疲れちゃったな〜」と、独り言のように母が言ってしばらく経って見ると、父がアイロンがけしている光景を何度か目にしました！　さすが、うちの両親、お互いをわかっています。

夫は直球の言葉しか受け取れない

しかし、残念ながら、そんな妻の乙女心や曖昧な言葉の裏の気持ちをわかってくれる夫はほとんどいません。それどころか、妻のあやふやな言いまわしを「めんどくさい」と感じているのです。

男性は女性と違って、微妙な言葉のニュアンスや感情を読み取るのが苦手な生き物です。ですから、夫が妻の裏の気持ちを正確に読み取るなどというミラクルは起きません。したがって、あまり期待しないことです。

ときどき、まるで歌舞伎町のナンバーワンホストかと思ってしまうほど気が利く夫を見かけることも、あるにはありますが、そういった夫の脳ミソは常にフル回転しています。なので、おそらく一人になったとたん、魂が抜けたようにグッタリしてバタンキューなのは間違いないでしょう。

もしくは、もともと「女子力」が高い夫なのでしょう。そのようなタイプの夫は、よく気がつく分、いろんな意味でチェックが厳しいので、マイペースな妻の場合は逆に気が休まらないかもしれません。

基本的に夫は、妻の言葉を〝そのまま受け取る〟ことしかできないのです。

そこを認識していれば、今回の圭介さん麻衣さん夫婦のケースのような受け取り方のズレを大幅に減らすことができるでしょう。

夫への要望は〝ハッキリと柔らかく〟伝えることがポイントです。

【夫へ】

妻の微妙な表現は〝甘えベタな妻〟の甘え方なのです

妻が独り言のように発する微妙な表現は、甘え方がヘタな妻が夫におねだりするときの高等手段です。「ハッキリ言わなくても気づいてほしい」と思うのが女心なのです。たとえば「最近、お寿司食べてないな〜」という妻の呟きを翻訳すると、「お寿司食べに連れて行って！」ということ。間違っても聞き流したり、「そうだね」というひと言で終わらせたりしないように！

【妻へ】

夫との会話のポイントは「省略せず、具体的に、言葉にだす」

お願いごとや確実に伝えたいことは〝具体的にハッキリと言葉にだして〟伝えないと、夫は貴女の大事なメッセージを、ただの〝独り言〟として処理してしまいます。わかってくれないことを、夫のせいだけにするのではなく、「きちんと伝わる言葉で、伝わるように話をしているか」を見直しましょう。言葉を〝省略〟しないようにすることが大事です。

21 相談

夫は、アドバイスを求める 妻は、共感を求める

夫婦問題カウンセラーは特殊なカウンセラーです。カウンセリングの基本を「受容」「共感」「傾聴」としているところは、ほかの心理カウンセラーと変わりはありません。どういうふうに特殊なのかというと、多くの心理カウンセラーは「アドバイス」をしたり「情報の提供」をしたり「解決策の提案」をしたりすることはあまりありませんが、私のように〝夫婦問題〟や〝家族問題〟を対象としているカウンセラーは、それらをすべて取り入れたカウンセリング技術が必要とされます。また、相談者が男性であるか女性であるかによって、求められているものが違ってきたりします。男性はアドバイスや情報を欲しがり、女性は自分の辛い心情を話したがります。

カウンセラー、探偵、弁護士を味方につけた夫

会社経営をしている秀樹さん（39歳）から、「浮気をしている妻と離婚したいので、その手順

などを教えてほしい」との連絡があり、お話をうかがいました。

カウンセリング当日、秀樹さんが持参したものは、妻の春華さん（32歳）と浮気相手とされる男性の、メールの会話をコピーしたものでした。

その会話の内容は、明らかに〝ただならぬ関係〟だということがわかるようなものも含まれており、秀樹さんは「もし裁判になった場合、このメールが証拠として使えそうかどうか」ということを気にしていました。

「使えそうかどうかということなら、十分使える可能性はある」ということをお伝えし「ただ、その証拠1点だけに頼るのではなく、ほかにも証拠として使えそうな材料を集めたほうが確実」であることもアドバイスしました。

「たとえば、証拠として使えそうなものは、ほかにどんなものがあるのですか？」

と秀樹さんが質問してきました。

「弁護士から聞いた話によると、自宅やホテルに出入りするふたりの動画や写真が有力だそうです。一日分だけでも証拠として使える場合がありますが、場合によっては言い訳されてしまう可能性もあるかもしれません。なので、本当は数日分あると確実でしょうね。それから、妻の様子を書いた日記やメモなども使えることがあるそうですよ」

「なるほど、動画ですか……。妻が浮気しているのは確実なのに、シラをきられたらどうしたらいいですか？」

「シラをきられないように、相手の男性の情報もできるだけ多く集めることが大事です」

「相手の男の名前はわかるのですが、そのほかはわからないんですよ」

「有利に離婚したいのであれば、相手の男性が既婚者なのか独身者なのか、自宅の住所のほかに職場や実家なども必要な情報ですよ」

「どうやって調べたらいいですか？」

「良心的な調査会社をご紹介しましょうか？　プロに任せたほうが確実です」

「そうですね。ぜひお願いします」

「承知しました。この件は後でご連絡させていただきますね」

「はい。ありがとうございます。それから、証拠がそろったらどうしたらいいですか？」

「奥様と離婚をしたいという気持ちは変わりませんか？　奥様とは離婚せずに、浮気相手にだけ慰謝料を請求することも可能ですよ」

「妻とは離婚します。実は、妻の浮気はこれが初めてではなくて2回目なんです。2年前にも職場の上司と浮気をしていたのですが、3カ月くらいで別れたみたいなので見て見ぬふりをしていました」

「そうですか。それはショックでしたね」

「いまはもう吹っ切れています。しかるべき処置をとって、早くスッキリしたいです」
「そうですか。では、証拠がそろったら、奥様に離婚したい旨を話してください。そのときには、証拠のことはまだ言わないように。証拠を提示するタイミングも重要ですから。話し合いで決まらない場合は、家庭裁判所に離婚調停を申し立てることができます。調停は弁護士に依頼しなくても対応可能です。そして、相手の男性への慰謝料請求をお考えならば、弁護士に一度相談してみることをお勧めします」

そんなやりとりをして、秀樹さんは帰っていきました。

後日、「妻とは金銭的な条件なども含め、協議で離婚できました。相手の男とは代理人をたてて現在協議中です」との連絡をいただきました。

カウンセラー、探偵、弁護士という、その道のプロを上手に利用し、秀樹さんは離婚に向けて淡々と準備を整えてきました。

離婚を決意したら、勢いで離婚をしてしまうのではなく、準備をすることで余計な出費を防いだり、不安を軽減できたりするのです。

感情を吐き出すと本当の気持ちが見えてくる

いっぽう同じような浮気問題の相談に妻が訪れた場合、前のケースの秀樹さんのように淡々と話が進むことは滅多にありません。仮に「離婚する」と決めて相談に訪れた人でも、いろんな感情が入り乱れて涙する女性も少なくないのです。

夫や浮気相手への憎しみの言葉、いままで自分がどれほど我慢して辛い毎日を過ごしてきたか、子どもに対する思い、そして、今後への不安や希望など……。

あらゆる思いを吐き出し、そして共感してほしいのです。

その気持ちに寄り添うのが私たちカウンセラーの役目です。なかには、はじめは「離婚をしたい」と言っていた女性が、自分の思いを吐き出していくうちに「できればやり直したい」と口にしはじめることがあります。

このような展開は珍しいことではなく、自分の気持ちにやっと素直に向き合えることができた瞬間でもありますので、カウンセラーとしては聞き漏らしてはならない言葉なのです。

私が常に強く思っていることは「私とかかわった人は絶対に幸せになってもらう！」ということです。

そして、実際にそうなっています。「修復」するにしても、結果的に「離婚」というかたちになったとしても、どちらにせよ相談者が後悔せずに「こうして良かった」と感じることが幸せへの第一歩なのです。

【夫へ】

妻の「相談があるの」には三つの種類があります

妻の相談は曖昧です。すでに答えが決まっている相談、本気で意見を聞きたい相談、とりあえず思いを吐き出したい相談。夫は妻の相談が「3種類のうちのどれにあたるのか」を瞬時に判断して、正しい返答を導きだすスキルが必要とされます。一つめに対しては「NOと言わない」。二つめは「アドバイス」や「提案」を。三つめは「共感」あるのみです。

【妻へ】

夫はまだ人に相談する「時期」ではないと思っています

夫の様子がいつもと違うとき、妻は「悩みがあるなら話して」と、むりやり夫の口を開かせようとしてしまいがちです。夫が黙り込んでいるときは、まだ人に打ち明ける「時期」ではないと思っているということ。ですから、妻は近くで見守りながら、その時期が来るのを待ちましょう。「心配するより〝信頼〟せよ」と、心に言い聞かせてくださいね。

22 夫婦ゲンカ

夫は、逃げる
妻は、責める

「どうしたら、ケンカをしない仲がいい夫婦になれますか？」と訊かれることが多々あります。私はそのたびに違和感を覚えるのです。なぜなら、ケンカをしない夫婦が「いい夫婦」や「仲がいい夫婦」だとは思わないからです。ケンカをしない夫婦ではなくて、「ケンカにならない夫婦」であるならば、お互いの相性が良く、本当に仲がいい夫婦なのかもしれません。

しかし、そこまでの夫婦として成長することは至難の業。誰にでもできることではありません。本当に仲がいい夫婦とは、「正しいケンカができる夫婦」なのです。

「ハンバーグ戦争」から離婚問題へ

些細なケンカから、「別れる／別れない」という話にまでなってしまったという結子さん（35歳）と、夫の拓也さん（37歳）。現在も、気まずい緊張感が続いているようです。

ケンカのキッカケは、夕飯のハンバーグを「手づくりにするか、市販のものにするか」という、他人が聞いたらホントどうでもいいようなこと。

ある休日、スーパーに買い物に行ったふたりは「今夜のおかずはハンバーグにしよう」と意見が一致したそう。

しかし、「ハンバーグは当然、手づくりだろう」と言う夫と、「お惣菜売り場のハンバーグでいいじゃない」と言う妻。結子さんは、「どうせ、つくるのは私でしょ？　サラダやスープだって私がつくらなきゃいけないんだから！」と言って、お惣菜売り場に並んでいるハンバーグを買い物カゴの中に入れたのです。

そこから、ふたりの言い合いはエスカレートしていきます。

「オマエはいつもそうだ！」

「〝いつも〟って何よ？」

「オマエはいつも自分勝手なんだよ」

「自分勝手なのは貴方でしょ？　私だって普段働いてるのよ。少しは家事をする身にもなってみてよ」

こうなったら、後は売り言葉に買い言葉。お互いに「自分は悪くない」と思っているかぎり、いや～なムードが続くのです。

結局、ハンバーグには口をつけず、サラダとスープだけで夕飯をすませた夫に、結子さんは

「食べないなら、はじめから〝いらない〟って言ってちょうだい」と、ピシャリ。

「チッ」という夫の舌打ちを聞き逃さなかった結子さんは、さらに追い打ちをかけてしまうのです。

「ねぇ、言いたいことがあるなら、ちゃんと言ってよ！」

「言っても通じないじゃないか！」

「それは、貴方が私にわかるように話してくれないからでしょ？」

「あのさぁ、もうオレたち別れたほうがよくない？」

結婚して3年も経たないうちに、まさか〝ハンバーグ〟がキッカケで別れ話が出るとは想像もしていなかった結子さんは、どうしてこのような展開になってしまったのか、理解できずに戸惑うばかりでした。

夫婦の対決「謝ったら負け」問題

妻は夫から納得のいく答えが返ってこないと、アレコレと責めたくなってしまうもの。感情を素早く言葉に変換することが苦手な夫は、間髪入れずに返ってくる妻の言葉に、対応する気力を失ってしまうのです。

そのような場合、話し合いをしている〝つもり〟でいるだけで、実は「正しい話し合い」にはなっていないことが多いのです。

正しい話し合いとは、お互いの意見や気持ちを聞いて尊重し合い、お互いにとってベストな方法を見つける作業ができる〝建設的〟な話し合いです。

それと、厄介なのが「謝ったら負け」問題です。大概の夫婦が、この独自のルールに縛られています。そんな夫婦は、お互い「謝ったら負け」という意地の張り合いをしているために、さらにケンカを長引かせてしまう原因をつくり上げているのです。

結子さんと拓哉さんのケースも、「どうして自分が謝らなければいけないの？」という気持ちを、それぞれが強くもっていました。

夫婦ゲンカというものは、「どちらが正しくて、どちらが間違っているか」をジャッジしてしまうと、夫婦間に上下関係ができてしまったり、どちらか一方が不満を溜め込んでしまったりします。夫婦は、あくまでも対等なはずです。

今回の結子さんの話を聞いているかぎりでは、決して結子さんが間違ったことを言っているわけではありません。むしろ、正論です。

しかし、正論を主張されると、プライドが傷ついて余計に反発したくなるという心理が働くものなのです。

ここで重視しなければいけないことは、結子さんが「夫と今後どうしていきたいのか？」ということ。

「離婚したい」というのであれば話は簡単です。

でも、結子さんの気持ちは「離婚したくない。仲直りしたいけれど、自分から謝るのは癪《しゃく》に障《さわ》る」という、まぁ夫婦間でよくありがちな意地の張り合い。結子さんの気持ちも、すごくよくわかります。なかなか素直になれないときは誰にでもあるものです。

しかし、結子さんの夫に対するスーパーでの「言い方」や「態度」を、もう少し工夫することで、「別れる／別れない」という話にまでならずにすんだかもしれません。言い方ひとつで受け取る側も違ってくるのです。

こうなってしまったのは、どちらが「間違っていたから」とか「悪かったから」ではないのです。なので、そんなときは、こんなふうに考え方を変えてみることで、謝ることに対して抵抗なくスンナリと受け入れることができるかもしれません。

「自分がすべて間違っていた」ということではなくて、「キツイ言い方をしてしまったこと」に対してゴメンなさいを言う、「嫌な思いをさせてしまったこと」に対してゴメンなさいを言う、という考え方です。

「謝ったら負け」なんていうルールはないのです。

【 夫へ 】

攻撃が止まないときは、一声かけてから距離を置きましょう

ケンカになったとき黙っていると、その問題から「逃げている」と妻は感じます。そうすると妻の怒りはエスカレートするばかり。「もう少し時間をくれないか」「いまは考えがまとまらない」など、ひと言伝えることを心掛けてみましょう。「真面目に向き合ってくれている」とわかれば、妻も貴方を無駄に責めたりはしないはずです。

【 妻へ 】

夫を正そうとするのではなく、素直な気持ちを伝えましょう

むやみに感情をぶつけるだけでは、貴女が本当に伝えたいことや、わかってほしいことが夫に伝わりません。言い聞かせようとしたり、正そうとしたりすると、夫は貴女に「責められている」と感じ、耳も心も閉ざしてしまうでしょう。そうならないために、自分の素直な「寂しい」「不安だ」という気持ちをそのまま伝える工夫をしてみてくださいね。

23 言い訳

夫は、理屈を説明する
妻は、感情をぶつける

相手に伝わらなければ意味がない！「相手に理解してもらうように話す」ことは、実に難しく、根気のいる作業です。多くの人は「夫婦だからわかってくれるだろう」「夫婦なんだからわかって当然」という思い込みで、相手に伝わる話し方ではなくて〝自分の気がすむ話し方〟をしてしまいがちです。それではいつまで経っても、言いたいことや気持ちが伝わらないどころか、相手をもっと怒らせてしまう結果になりかねません。

妻への説明は事後ではなくて事前が基本

芸能人の不祥事や不倫問題が起きると、本人の「謝罪会見」が開かれる場合がありますよね。でも、同じ謝罪会見でも、好印象で終わる人と、余計に叩かれてしまう人がいます。

夫婦間でも同じようなことがあります。大ゲンカをしても、すぐに仲直りできる夫婦と、そうでない夫婦の違いは、芸能人の謝罪会見の違いとよく似ています。何よりも両者とも「誠実さ」が伝わってくるかどうかが大事なポイントです。

先日、知り合いの川上さん（男性）から、こんな質問を受けました。

「仕事の関係で飲み会が続いて、帰宅時間が連続で深夜の2時とか3時になっちゃってさ。妻には〝仕事〟と言ってあるのに、電話とLINEがバンバン入ってくるんだよね。帰宅してから説明しても聞く耳をもたないし、スゴイ剣幕で責められるし……。アレどうにかならないものかな？」

それに対して「どうにでもなりますよ」というのが私の答え。川上さんのケースと似たような、男性の愚痴や相談、実に多いです。このような場合、夫がやりがちなのが、妻に「説明」してわかってもらおうと躍起になってしまうこと。

たとえ妻に「どういうことか説明してちょうだい！」と言われたとしても、説明して気が収まる妻を見たことがありません。そう。何かをしてしまった結果に対して、妻に説明しても意味がないし、場合によっては火に油を注ぐことにもなりかねないのです。

妻への説明は〝事後ではなくて事前〟にしておくことが、大きな揉めごとにならずにすむ方法です。妻の怒りが収まらないのは、理屈を並べてクドクド説明する夫を見て、「私の気持ちに対する配慮がまったくない」と感じているからです。事後には理屈や説明ではなくて、妻の〝気持ちを汲みとる〟ことが何よりも大事なのです。

今回の川上さんのケースでいうと「お客様との盛り上がりによっては、帰宅が深夜になってしまうかもしれない」「0時を過ぎるようなら、こちらから連絡を入れるから、電話やメールは控えるように」という〝事前説明〟をしておくのが理想的です。

怒り心頭の妻に対しては、まずは「遅くなっちゃってゴメンね」と謝ること。そして、妻の言い分を「わかったよ。そうだよね。うんうん」「心配してくれてありがとう」と、とにかく聞いてあげることが、大ゲンカにならないための唯一の対処法です。

妻は、遅くなった理由を聞きたいわけではないのです。

仮に、妻が怒っていなかったとしても、帰宅後になんらかの「配慮」がないと、いつか妻は爆発します。

数年間の悩みが一瞬にして解消された妻

いっぽう妻は「ちゃんと説明してよ」と言う夫に対して、うまく説明ができません。

「そんな言い方をしなくてもいいじゃない！」「私だって大変なのよ。しかたないじゃない」

「つい忘れてしまうことだってあるでしょ。どうしてわかってくれないの」。

こんな感じで、ちっとも「説明」になっていないのが妻の言い訳のパターンです。

でも、感情で訴えて納得してくれる男性は非常に少ないことに女性は気がつきません。説明を求める夫に対しては、まず自分の感情はいったん横におき、先に問題となっていることに関しての事情を説明するほうが、現状や気持ちを理解してもらいやすいということを……。「神経質で、細かいことにこだわる夫にイライラして、すぐケンカになってしまう」と悩んでいた夏美さん（39歳）。そんな「神経質で細かいことにこだわる夫」に対してこそ、冷静に「説明すること」が大事なのに、まるで逆の対応をしていました。

夫の伸一さん（40歳）は、確かに細かい性格のようです。

少しでも部屋が散らかっていると「どうして散らかっているんだ。片付ける時間はなかったのか？」とか、子どもにも「また塾を休んだのか？ 今月はもう何回目だと思っているんだ」と威圧的な夫に、夏美さんはつい感情的に反論してしまうのです。

「散らかっているのがイヤだったら、少しは自分で片付けたらいいじゃない！」「そんな言い方をするから子どもが萎縮しちゃうのよ！」。

いままで夫に対して、このように返していたようで、そのたびに〝売り言葉に買い言葉〟となり、取っ組み合いのケンカになったこともあるそうなのです。

そこで「無駄なケンカは〝バカらしい〟と思うのであれば、自分や子どものためにも、夫に対して感情的に反論するのをやめてみませんか？」というお話しをさせていただきました。

私の提案に頷きながらも「どう対処したらいいのでしょうか？」と言う夏美さんに、次のことをお伝えしました。

夫から指摘されたり答えを求められたりしたら、まずは深呼吸をして「そうね」と、いったん受け止めること。伸一さんのようなタイプの人には、感情的にならず事情を冷静かつ具体的に説明するのが大事だということ。場合によっては「どうしたらいいと思う?」と相談する姿勢を見せるのも効果的だということ。

それらを実行に移してもらいました。

するとどうでしょう! その日の夜に夏美さんから「先生、スゴイです! 夫が変わりました!」というメールが届いたのです。

この日、いつものようにクドクド始まった夫に対して、まずは感情的にならないように気をつけたようです。そして、反論したい気持ちをグッと抑え、夫の話を〝否定しない〟で聞き入れてから、自分の思いを冷静に伝えたところ、ケンカになるどころか、夫が夏美さんの話に興味を示し聞いてくれたことに驚いて私にメールをくれたのです。

夏美さんは、「夫が変わった」と思っているようですが、実は夫は何も変わってはいません。〝夏美さんが変わった〟だけなのです。

このように、ほんの少しだけ自分を変えてみることで、それまで何年間も悩んでいたことが一瞬にして解消してしまうことも実際にあるのです。

【夫へ】

妻は感情を吐き出しながら頭の整理をしています

妻に、なんらかの問題に関しての事情を説明してほしいときは、いきなり論理的な説明を求めるのではなく、まずは〝感情を受け止めて〟あげてからのほうが、スムーズに話が進みます。世の中の夫のほとんどが、妻の感情を受け止めることを省き、すっ飛ばしてしまうから、余計に手に負えないほどに妻が暴走してしまうのです。

【妻へ】

夫は説明すれば「許しや理解が得られる」と信じています

「オレが悪かった」とか「傷つけちゃってゴメン」のひと言が聞きたいだけなのに、妻に事情を説明することで「許しや理解が得られる」と強く信じている夫。「そんな言い訳、聞きたくない！」と感情的になる前に、まずは聞く耳をもってあげましょう。そして、説明好きの夫には、こちらの気持ちも冷静に〝説明〟で返すことが効果的です。

24 仲直り

夫は、自分は悪くないと思っていても謝る
妻は、自分は悪くないと思っているから謝らない

お訊きします。あなたのうちでは夫婦ゲンカをした場合、どちらが先に謝る率が高いですか？　夫？　妻？「男はプライドの生き物。だから自分からは謝らない」。ずっとこのように語られてきましたが、最近の夫婦を見ていると「そうでもない」と感じることが増えてきました。いまの男性は、速攻で謝ります。でも女性は逆に、自分が悪かったと認識していても、謝らない人のほうが目立つような気がします。いまや「謝る女」は貴重な存在なのかもしれません。

「悪いほうが謝る」という考え方に要注意

謝ることに関しては、「男だから」「女だから」とか、「夫だから」「妻だから」とか、そのような考え方でいいはずがないことはわかっています。「悪いほうが謝ればいい」と、誰もが思っていることでしょう。

しかし、その考え方がけっこう〝クセモノ〟なのです。それは人は誰も「自分が悪い」とは、なかなか認めないから。

お互いに「自分が正しい」と思っているからケンカになるわけですが、夫婦ゲンカをした後は、ふたりとも「このままじゃいけない」と思っています。

でも「自分から謝るのは負けた気がする」「相手が謝ってきたら許してあげる」など、もたなくてもいいプライドをもってみたり、謎の「上から目線」で意地を張ってみたりして、自らストレスを抱えて問題を長引かせてしまいます。

ならば、どっちが悪いとかの問題はナシにして、「お互いに謝る」というシステムにしたらいいのではないかと思うのですが、そうすると今度は「あなたから先に謝って」「いや、君から先に謝れよ」なんていう面倒な言い合いになる夫婦もいるから、巻き込まれるほうはもっと面倒なのです。

夫の柔軟な考え方が夫婦円満のポイント!?

先日、6組の夫婦の話を聞く機会がありました。結婚6年目の夫婦から20年を越える夫婦が集まり、私にとっては貴重な話が聞ける、ありがたい時間となりました。

みんな6年以上「夫婦」を続けてきているわけですから紆余曲折ありますが、比較的仲が良く、どこにでもいるような一般的な夫婦です。

　そこで「夫婦ゲンカ」について話を訊いてみたところ、離婚話や別居をするなどの大きなケンカには至らないものの、何が原因か忘れてしまうくらいの〝些細〟なケンカはわりと頻繁にしていて、なかには「1カ月くらいお互いに口をきかないことがあった」という夫婦も1組いました。

　そして、6組すべての夫婦に共通していたことは、ケンカの後は「夫が謝る」ということでした。その理由を夫たちに訊いてみました。

　6人の夫、全員の口から出た理由は「妻は絶対に自分から謝らないから」という内容でした。そのほかには「自分から謝らないと口をきいてもらえないから」「険悪なムードが続くと疲れるし、仕事に影響するから」「子どもの環境に良くないから」「夫婦円満のため」。

　面白いのは「自分が本当に悪かった」と思って謝っているわけではなくて、「この状況から早く抜け出したい」ためだったり、まるく収めるために自ら謝ることを選択しているという点です。

　これが良いのか悪いのかは別として、6人の夫たちは「妻という生き物」を、よく理解していて素晴らしいと感心してしまいました。なぜなら、女は歳を重ねれば重ねるほど「意地でも謝らない」という傾向があるから。

以下、妻たちの意見です。

「そもそも、自分が悪いとは思っていない」というのが全員の意見。

「逆ギレするのは夫のほう」「ケンカの原因をつくるのは夫なので謝るのが当然」とのことで、妻たちは「悪いほうが謝る➡悪いのは必ず夫」という認識でした。

そこで私は「では、もし後から〝悪いことしちゃったな〟と思い直した場合は、夫に謝るの？」と訊いてみたところ、なんと妻たち全員が「謝らない」と答えたのです。なんとも矛盾した考えと、その悪気のない徹底ぶりに思わず笑ってしまいました。

これを聞いていた夫たちはというと、苦笑しながらも「とにかく家庭というのは〝夫〟が謝ったほうがうまくいきますよ」と、誰かが発した言葉に全員が大きく頷いていました。

この6組の夫婦仲が良いのは、「夫が謝るから」というよりも「夫が謝ったほうが夫婦関係を良好に保つことができる」と考える、その夫たちの〝柔軟な考え方〟自体が、夫婦円満のポイントになっているのだと感じました。

こんな大人な夫たちばかりなら、大きな夫婦問題が起こることもないのでしょうね。

この6人の夫たちは「ケンカの原因はどちらにあるか」に焦点を当てるのではなく、「ストレスなく生活したい」ということに重点をおいているので、どんなときにも素直に謝ることができるのだと感じました。

「どちらが悪い」とか「どちらが間違っている」ということだけにこだわると、犯人探しのような感じにもなりますし、夫婦間に「格差」を生み出してしまう恐れもあります。

問題を抱えた多数の夫婦を見てきた者としても、そういったことにこだわるのではなくて、「とりあえず謝っておこう」と軽く考えることも、ときには必要なのだと強く感じます。

対立しやすい夫婦が心に刻んでおくべきことは、「負けるが勝ち」という考え方かもしれません。

どちらかというと、夫婦間では「謝ったら負け」という変な意地の張り合いが繰り広げられてしまうことが多く、謝りたくてもそのキッカケを失ってしまう人もいます。

謝ることができる人や、自分から折れることができる人のほうが、やっぱりカッコイイと思うのは私だけではないはずです。

相手に対して「謝ってほしい」と思うときは、相手が「間違ったことをしたから」というよりも、どちらかというと「あなたの言動によって傷ついたのは事実なのだから謝ってほしい」という気持ちのほうが強いのではないでしょうか。

しかし、多くの人が「あなたは間違っている」と責めたり、「自分は間違っていない」と言い張ったりしています。そこをジャッジするのではなく、不快にさせてしまったことに対して謝ることが大切なのです。

【夫へ】

妻に「ごめんなさい」と言ってもらう方法

どうしても素直に謝れない妻に、謝罪の言葉を要求したり、怒鳴ったりすると、ますます「自分の正当性」を誇示することになるので、なんの効果もありません。素直に「ごめんなさい」と言ってほしいときは、まずは〝貴方が〟「ごめんなさい」と言うことが一番早く妻の「ごめんなさい」を引き出す効果的な方法なのです。

【妻へ】

「ごめんね」と言い合える〝家庭環境〟をつくりましょう

きちんと「ごめんね」が言える家庭環境を整えることが、子どもにも大人にも精神衛生上いいですし、夫婦の溝も浅いうちに修復できます。子どもに「ちゃんと、ごめんねって言おうね」と躾ても、自分が手本になっていないのでは説得力がありません。「ごめんね」を普段から抵抗なく言えるよう習慣化しておくことが、夫婦間の「ごめんね」をなめらかにするのです。

25 涙

夫は、妻の涙にゾッとする 妻は、夫の涙にキュンとする

すぐ泣く女はめんどくさい。すぐ泣く男はもっとめんどくさい。でも、男も女も泣き方とシチュエーションとタイミング次第で、美しくも見えますし、カッコよくも見えます。だから涙は「武器」にもなるのです。カウンセリングをしていると、いろいろな「涙」に出会います。悲しみの涙、怒りの涙、後悔の涙、安心の涙、感動の涙、喜びの涙、悔し涙……、そして嘘の涙。

恐るべし！　魔性の妻の涙にゾッとする

約７０００件のカウンセリングをしてきたなかで、いろいろな意味で私がゾッとした女性が何人か存在します。

夫の大輔さん（38歳）と一緒に「夫婦カウンセリング」に訪れた、妻ルリカさん（28歳）が、そのうちのひとりです。ある日、大輔さんから「妻と離婚したいので、一度相談に行きたい」

という連絡をいただきました。

ふたりは結婚2年目の夫婦で、子どもはいません。大輔さんは、食品メーカーに勤務しており、妻のルリカさんは専業主婦です。大輔さんの話によると、ルリカさんは結婚してから一度も料理をしたことがないそうなのです。

まぁ、女性が必ず料理をつくらなければいけないという決まりはないのですが……。

ところが、洗い物は気が向いたときにしかしない、掃除もしない、洗濯は自分のものだけしかしないという徹底ぶり。そして、極めつけは、夫の貯金通帳とキャッシュカードを独り占めしており、夫が「通帳を確認させて」と言っても、絶対に見せてはくれず、ネットで買い物三昧だというのです。

毎日何かしらの品物が自宅に届くことに焦りを感じた大輔さんは、このままだと妻に貯金を食いつぶされてしまいそうで不安だということで、家計の見直しと、場合によっては離婚を考えたいとのことでした。

それまで真っすぐ前を向き、無表情のまま夫の話に耳を傾けていたルリカさんでしたが、突然、隣に座っている夫の顔を見つめて、ポロっと大粒の涙を流したのです。そして「大ちゃん、私のこと好きって言ってくれたよね？　本当に離婚したいの？」と、甘えた声で夫を覗き込むルリカさん。

すると大輔さんは「本当は離婚なんかしたくないよ。ルリカと一緒にいたいよ」と。

「そうだよね。私も大ちゃんと一緒にいたい」

えぇー!? 私は、のけ反りそうになりました。これぞ、女の涙の効果でしょうか……。たぶん、ふたりの会話は自宅でもこんな感じで、結局何も解決しないまま妻の思うように流されてしまうんだろうなぁ……、と思いながら、私はふたりの間に割って入るタイミングを探っていました。

「次に、ルリカさんのお話を聞かせていただけますか?」

そう言って、ルリカさんの顔を見たときには、さっきの涙は「幻か!」と思うほど乾ききっていました。

「ルリカさんは、ご主人のお話を聞いて、いまどんなお気持ちですか?」

そう質問すると、先ほどのふたりの会話からは想像できない言葉が返ってきたのです。

「私は、いまの自分を変える気持ちはありません。夫のために〝何かしてあげる〟とか、そういう気持ちにもなれません。自分がやりたいことしかしたくないので」

その言葉に一番驚いたのは、夫の大輔さんだったのは言うまでもありません。要するに、「自分は働かず、家事もいっさいせず、夫のこともかまわず、夫の稼いだお金で買い物をしまくり、好き勝手していたい」ということです。

「それは、ルリカさんにとっては居心地がいいかもしれないけれど、ご主人のお気持ちはどうしたらいいと思いますか？」

　すると、ルリカさんは「離婚ならいつでもしてやるわよ！」と、突然声を荒らげたのです。私は「離婚するしないの前に、ご主人が不安に思っている貯金通帳を見せて安心させてあげたほうがいいかもしれませんね」とお伝えすると、「アンタに何がわかるのよ！」と鬼の形相で怒鳴られました。

　ルリカさんにとって私は、快適な暮らしを邪魔する「悪者」なのでしょう。

「私は、ルリカさんのこと、何もわかりません。だからこそ、こうしてお話を聞かせていただいています。仮に、ルリカさんが私にすべてを話してくれたとしても、本当の心は本人にしかわからないと私は思っています。私には、相談者の気持ちを誠心誠意〝わかろう〟と努力することしかできないし、受け止めてあげることしかできないのです」

　ルリカさんは、黙って聞いていました。

　この「夫婦カウンセリング」から2週間後、大輔さんから連絡がありました。

「離婚することになりました。通帳も見せてもらうことができたのですが、案の定、貯金が半分以下になっていました。まぁ、しかたありません。いろいろと、ありがとうございました」

と。恐るべし、ルリカ様……。

哀愁ただよう夫の涙にキュンとする

女の涙は同性でさえもゾッとすることがありますが、男の涙にはキュンとします。ただ、キュンとする男の涙には「条件」があります。それは「普段、滅多なことでは泣かない男が流す涙」であること。妻が夫の涙にキュンとするのは、その〝意外性〟に哀愁を感じるからなのです。強いと思っていた夫が流す涙に妻は「キュン」とするのです。

秀子さん（42歳）の夫、満さん（42歳）はよく泣くタイプだそうで、結婚式で泣き、子どもの寝顔を見て泣き、運動会で泣き、初日の出を見ても泣き、テレビで水戸黄門を見ても泣いているそうです。ハッキリ言って、泣きすぎです。

秀子さん曰く「夫が泣いていると、泣いていない私が冷たい人間みたいで、すっごくイヤ！」とのこと。

麻帆さん（48歳）は、夫の圭吾さん（50歳）と結婚して19年ですが、いままで夫が泣く姿を見たことがなかったそうです。しかし先日、自分の親が亡くなったときでさえ泣かなかった夫が、仲良くしていた大学のときの同級生が亡くなったという連絡を受けた後に、寝室で一人泣いているところを見てしまったそうなのです。

「プライドが高く、いつもエラそうにしている夫だけれど、そんな夫の涙を見てから、夫のことが愛おしく感じるようになった」と言っていたのが印象的でした。

【夫へ】

妻の涙は「心のデトックス」

貴方のせいで妻を泣かせてしまったのなら、そっと抱きしめてあげてください。よく泣く妻はときどき自分でも泣いている理由がわからないことがあります。それは〝心のデトックス〟でもあるので、焦らずに対応してください。また、気の利いた言葉などは不要です。無言で抱きしめるか、そっとしておくだけでいいのです。そのうち勝手に復活します。

【妻へ】

たまには夫の前で泣きましょう

貴女はバランスよく泣いていますか？　しょっちゅう泣く妻は、めんどくさいと思われがちですが、その一方で、まったく泣かない妻も心配です。泣きたいときは泣いてしまいましょう。たまには夫の前で泣いて〝弱さアピール〟をしましょう。そうすることで「妻を守ってあげたい」という夫の気持ちが強まるのです。

26 思いやり・優しさの基準

夫は、特別なプレゼントが重要だと考える
妻は、日々の気遣いが重要だと考える

突然ですが……、男性にとってとても悲しい事実を発表しなければなりません。これからお話しする内容に対して、「ウソだ！」「そんなこと信じられるか！」というご意見が出ることも重々承知のうえでございます。ただ今回は、そのようなみなさまのお気持ちを受け入れる窓口をご用意できませんでしたので、申し訳ございませんが、真意のほどは直接奥様にご確認いただけたらと存じます。

ダイヤの指輪も1000円の指輪も嬉しさは同じ

いままで夫が大枚をはたいて妻にプレゼントしたダイヤの指輪やブランド物のバッグと、たまたま立ち寄った雑貨屋さんで妻が「かわいい～！」と言うから買ってあげた、たった1000円のシルバーの指輪、そして、もっと言えば妻がつくった料理への「美味しいね！」の言葉も、妻の「嬉しさポイントカード」に貯まるポイントとしては、すべて「1ポイント」

で平等なのです。

たとえば、三ツ星レストランの豪華ディナーでも1ポイント。近所のラーメン屋でも1ポイントだということです。100万円のプレゼントを贈ったからといっても、妻の嬉しさポイントカードに100ポイントが加算されるわけではないということです。

誤解をしてほしくないのは、妻が「感謝していない」とか「嬉しく思っていない」わけではないということ。「ありがとう」と思う気持ちは一緒ですし、すごく嬉しいのです。「それならもう高価なプレゼントはあげる必要がないのだな」ということでもありません。「いつでも欲しい」というのが妻の本音です。

高価なプレゼントを贈られることで、妻は夫からみた自分の「価値を確かめたい」という心理があります。要するに、どんな些細なことでもどんな豪華なプレゼントでも、妻は同じように愛されていると感じるのです。

しかし、多くの夫が油断してしまうのが、高価なプレゼントを贈った後です。

先ほどもお伝えしたとおり、どんな高価なものでも、些細なものでも、妻の嬉しさポイントカードに加算されるのは1ポイントです。ですから「今年は海外旅行に連れていってあげたから、しばらくは何もしなくても大丈夫だろう」なんていう考えでいる夫は、いますぐにその考えを改める必要があります。

日頃の妻への「ありがとう」の言葉や、ちょっとした気遣いを怠っていると、みるみるうちに妻の「不満ポイントカード」のポイントが加算されていくことになるからです。

プレゼントを贈っていたにもかかわらず、妻からとんでもない宣告をされてしまう夫がいますが、それは何年も前に贈ったプレゼントに夫が慢心していたために起こった悲劇としかいいようがありません。

つまり、妻を喜ばせるためには、必ずしも毎回高価なプレゼントを用意する必要はありませんが、日頃からの思いやりや気遣いとのバランスが崩れないように注意しないと、たちまち不満ポイントカードが満杯になってしまう可能性があるということなのです。

大事なのは、いつも夫婦がお互いに「相手が望んでいるものを与えてあげたい」という気持ちを持ちつづけることではないでしょうか。そうすることで、「かける言葉」や「してあげること」が自然にわかってきます。それが「思いやり」だと私は思うのです。

妻との関係修復を目的にされている相談者には、ときどきこのようなお話をさせていただきます。そうすると「嬉しさポイントカード」には常に1ポイントしか加算されないことに、夫のみなさんはショックを隠しきれないようです。

しかし、なかには「妻が何を望んでいるのか」と気にするようになってから、「言葉が欲しいのか」「行動してほしいのか」「モノが欲しいのか」の区別ができるようになったというツワモノもいるのです。

そこまでわかってくれる夫なら言うことなしですが、きっと貴女の夫も、食器を洗ってくれたり、子どもの宿題を見てくれたり、ときには冗談を言って笑わせてくれたりすることがあるでしょう。それに対して、きちんと「ありがとう」を伝えていますか？

当たり前だと思うことにこそ「ありがとう」を

いまの時代、共働き夫婦の家事分担は当たり前になりつつあります。20代、30代、40代を対象にした調査では、20代夫婦の分担率が、夫50パーセント、妻50パーセントとなったアンケート結果もあるようで、もはや家事は妻が主に行うことではなくなってきています。

そうなると、余計にお互いへの「感謝の気持ち」が薄れてくることが懸念されます。

働く妻としては、夫が自分と同じように家事や育児をするのは当然だという意識になりますし、夫も同じ意識であったとしても、居心地が良くて穏やかな夫婦関係を維持するためには、お互いに感謝の言葉は必須だと感じます。

なかには、夫が自分にどれだけ与えてくれるかということには敏感だけれども、自分が与えたり、受け取ったりすることには呆れるくらい鈍感な妻もいます。夫の何気ない行為や、センスのないプレゼントも、貴女が喜ぶ顔を思い浮かべてしてくれたことに変わりはないわけです。

そう考えると、心から「ありがとう」を伝えたくなってきませんか？

もしかしたら、「縁起でもない」と、気分を害する人もいるかもしれませんが、私は大切な人と離れるとき、「これで会うのが最後だとしても後悔しないか？」と、自分に問いかけるようにしています。

なぜ、そのような気持ちをもつようになったかというと、たった一人の妹を突然亡くした経験があるからです。もし、家族とケンカしたまま家を出て、言いたかった「ごめんね」や「ありがとう」を伝えられないまま、どちらかが死んでしまった場合、自分やその家族は一生苦しむことになるかもしれないのです。それは想像以上に辛いことです。

ではここで、そんな後悔をしないようにするためにも、夫が喜ぶ「ありがとう」の伝え方をいくつかご紹介しましょう。貴女なら、どんな「ありがとう」を伝えますか？

例1「ありがとう！　これ欲しかったの！　どうして私の欲しいものがわかったの？」
例2「わ〜、ありがとう！　こういう心遣いに感激する〜」
例3「ありがとう！　貴方の妻で良かった」
例4「いつもありがとう！　貴方のこういう優しさが好きだな」
例5「いつも家族のためにありがとう」

夫へ

一輪の花で妻の「嬉しさポイント」を増やしましょう

女性にとって花をもらうのは無条件で嬉しいものです。なぜなら、男性が花屋に行って〝花を買う〟ということは、きっと勇気がいることだと思うからです。夫が照れくさそうに花を買っている姿を想像しただけで「クスッ」と笑ってしまう……。妻は夫のそんな行為が心に染みるのです。日頃の小さな思いやりで、たくさんポイントを稼ぎましょう。

妻へ

いいリアクションをして「受けとり上手」になりましょう

夫から、小さなプレゼントを毎日もらえる妻と、もらえない妻の違いはどこにあるのでしょう？　それは「リアクション」の違いです。もらえる妻は、夫がしてくれた小さなことでも、いいリアクションをするのです。夫から思いやりをたくさんもらうためには、少し大げさに喜びを表現するなど、いいリアクションをして「受けとり上手」になることが大切です。

27 記念日

夫は、結婚したら〝忘れる〟
妻は、結婚したら〝こだわる〟

女性は、往々にして「記念日」を祝うことが好きなようです。すべての女性が……、とは言いませんが、私の印象では比較的若い世代の女性や「記念日を覚えていることこそが愛の証」と信じて疑わないタイプの女性が、〝記念日〟にこだわりをもっていると感じます。いっぽう男性は「どうして、そんなに記念日にこだわるの？」と疑問をもっている人が多いのですが、まさかそのような本音は言えず、妻の機嫌を損ねないように〝最重要行事〟としてスケジュール帳に赤ペンで記入することも忘れません。

1年目の結婚記念日に夫はいずこへ

さすがに「夫が記念日を忘れたから離婚したい」という、それだけの理由で相談に訪れる人はいまのところいませんが、数多くある離婚したい理由のなかの「一つ」として挙げる妻は少なくありません。

いろいろある不満の「一つ」として、「結婚記念日を毎年忘れていた」「結婚してから、誕生日のプレゼントをもらったことがない」など、〝釣った魚にエサはやらない〟的な夫の行為に妻は憤りを感じているのです。

恵美さん（35歳）の夫、康介さん（36歳）が、まさに釣った魚にエサはやらない夫でした。

結婚前は、誕生日でもないのにサプライズでプレゼントをくれたり、人気のレストランに連れて行ってくれたり、連絡もマメにしてくれた夫。

しかし、結婚してから4年目を迎えようとする現在まで、誕生日や結婚記念日のプレゼントはもちろん、ふたりでお祝いをする時間さえもつくろうとしない夫に恵美さんは幻滅していました。

恵美さんと康介さんの関係がギクシャクしだしたのは1年ほど前からで、「妊活」に協力的でない夫と、子どもがすぐにでも欲しい恵美さんの思いがスレ違いを生むようになっていったことが大きな要因のひとつになっているようでした。

恵美さんが、まるで昨日の出来事のように話しだしたのは、結婚1年目の〝結婚記念日〟のことだったのです。

その日は結婚して初めての結婚記念日ということで、ご馳走をつくって夫の帰りを待とうと、恵美さんは早めに仕事を切り上げて準備に取りかかりました。

夫の好物をつくり、ワインも用意して、あとは夫の帰宅を待つばかり。ふと時計を見ると、もう21時をまわっていました。いつもなら、そろそろ帰ってくる時間です。そして、1時間が過ぎ、2時間が過ぎ……。

仕事の邪魔をしてはいけないと、電話もメールも控えていましたが、さすがに不安になって夫に電話してみました。すると、「なに？　どうした～？」と、憎らしいくらい上機嫌な夫。

「いま、どこ？」

「いま会社の近くの居酒屋で同僚たちと飲んでる」

「どうして？　今日、なんの日か知ってるよね？」

「えっ!?　今日、何かあった？」

「今日は、初めての結婚記念日だよ！　お料理つくって待ってたのに、ヒドイ！」

「あー、もうちょっとで帰るから」

そしてこの後、夫が帰宅したのは深夜1時過ぎだったそう。「ごめん、忘れてた」と平然と言う夫に、恵美さんは腹が立つやら悲しいやら。思いのまま怒りの感情を夫にぶつけてしまった結果、大ゲンカになってしまい、しばらく口をきかない日が続きました。

悲しいことに、それ以降、結婚記念日であろうが誕生日であろうが、ふたりの間には「祝う」というイベントがなくなってしまったのです。

ふたりの関係がギクシャクしてしまった原因がほかにもあるにせよ、根本的なことはすべて同じだと感じました。簡単に言ってしまえば「コミュニケーション不足」です。

恵美さんも夫の康介さんも、不器用で意地っぱりです。結婚して1年目なのに結婚記念日を〝忘れられていた〟のは、確かに悲しい気持ちにもなります。

「覚えていて当然」と思っていたからこそ、恵美さんは落胆が激しかったのでしょう。

「当然マジック」にハマってしまった夫婦の改善策は？

結婚した人のほとんどがハマってしまう〝マジック〟があります。それが「当然マジック」です。恵美さんも康介さんもこの当然マジックにどっぷりとハマってしまったようです。

「結婚記念日は覚えていて当然」
「誕生日には家族全員で食事して当然」
「言わなくてもわかって当然」
「子どもができて当然」
「妻が家事をするのが当然」
「夫が育児に参加するのが当然」

このように、夫婦それぞれが自分で描いた当然マジックにハマってしまうのです。夫婦に

「当然」のことなどなく、むしろ「意外」なことのほうが多いのが結婚生活です。頭の中にインストールされた「当然」を、いますぐに削除してしまいましょう。そして〝自分たち夫婦だけの当然〟をつくればいいのです。

今回の恵美さんのケースでいうと、結婚前の夫がマメだったせいもあり、つい「結婚記念日も覚えている」と思い込んでしまったのでしょうが「確実」を狙うのであれば、数日前から夫に伝えておくべきでした。

女性は往々にして「約束を覚えてくれているか否か」を試したり、賭けたりして、当日まで相手の男性に伝えずに観察することがあります。そうするのは自由なのですが、もし自分の思ったような結果でなかった場合、何が得られるというのでしょうか。おそらく、そこに残るものは「悲しさ」や「怒り」の感情だけだと思うのです。

たぶん、多くの女性が真に望んでいることは「彼と楽しい時間を過ごしたい」というシンプルなことだと思うのです。

そう思うのなら、ハラハラドキドキしながら待つのではなく、素直に気持ちを伝えて、自分の思う方向に進むようにもっていってしまったほうが、はるかに幸せな時間を過ごすことができるはずです。

［夫へ］

結婚記念日は「夫婦の誕生日」なのです

誕生日は生まれてきたことに感謝する日。また、生んでくれた両親にも感謝する日。そして結婚記念日は、自分たち〝夫婦が生まれた日〟でもあります。つまり「夫婦の誕生日」だということを忘れないでくださいね。妻は豪華なことを望んでいるわけではなく、ささやかでもいいので、貴方と「向き合う時間」が欲しいのです。

［妻へ］

記念日は「多すぎず少なすぎず」を目指しましょう

あまりにも年間記念日が多く、それに加えて儀式のようなルールがある記念日は夫が疲れてしまいます。「〝初めて出会った日〟記念」「〝付き合い始めた日〟記念」「ペットの誕生日」など、多すぎる家族イベントに内心ウンザリしている夫も少なくないことも覚えておいてくださいね。多すぎる記念日を整理すると、「家計に潤いが増す」というメリットもありますよ。

「正しいケンカのしかた」チェック

「ケンカをしない夫婦」が「いい夫婦」とはかぎりません。もしもケンカになってしまったときに「正しいケンカができる夫婦」が本当の意味での「いい夫婦」なのです。

正しいケンカのルール

- □ 暴力をふるわない。
- □ 感情的になったり、話が平行線になったりした場合は、いったん休戦する。
- □ 一方的に責めない。
- □ 育った環境や家族のこと、顔や体のことなど、いまから変えられないことに関して悪く言わない。
- □ 怒りを翌日にもち越さない。
- □ 無視しない。

「正しいケンカ」とは

- □ 感情的にならないで、怒り（不安や悲しみ）の理由を、冷静に伝える。
- □ 相手の気持ちを否定したり、言葉を遮ったりしないで、最後まで話を聞く。
- □ 自分の意見を押しつけない。
- □ 言い負かそうとしない。
- □ お互いの気に入らないところを責め合うのではなくて、「何が問題なのか」に焦点を当てて解決策を探る。
- □ どちらが「正しい」とか「間違っている」ということをジャッジしない。
- □ お互いに「妥協点」を見つける。
- □ お互いに謝る。

第5章

夫婦の危機編

28

浮気・不倫

夫は、安心で浮気する
妻は、不満で浮気する

浮気をする男性は二つのタイプに分けることができます。一つめは、根っからの浮気性の「ハンタータイプ」。いわゆる、理性よりも本能の赴くままに突き進んでしまう人。気に入った女性を見ると、あの手この手で落としにかかるハンターのような男です。二つめは、安定した幸せが目の前にあるのに浮気をしてしまう「幸せボケタイプ」。大切な人に浮気がバレて、初めて事の重大さに気づく男。実は、一般的に多いケースで、深刻な問題になりやすいのが後者なのです。

妻の笑顔はこうして消えていく

一流企業に勤める夫、登さん（41歳）の浮気が発覚したのは、クリスマスも近づいた12月19日のことでした。この日、社内の忘年会だった登さんは、泥酔状態で帰宅し、リビングのソファーに倒れ込むようにして寝てしまいました。

妻、美恵子さん（40歳）が、無造作に放り出された夫のカバンと、スマートフォンを拾い上げたときでした……。夫のスマートフォンにＬＩＮＥの画面が映しだされたのです。

震える手でそのやりとりをすべて読みおわった美恵子さんは愕然としました。夫は1年半前から同じ会社の30代の女性と逢瀬を重ねていたのです。夫と女の会話のほか、旅行先で撮ったと思われるツーショット写真の映像が、脳裏に焼きついて離れません。

美恵子さんは気持ちが悪くなり、トイレに駆け込んで吐きながら泣いたといいます。

「結婚して15年、中学生と小学生の子どもも健康で明るくて、夫も優しくて、仕事にも真面目で、私は本当に幸せ者だなって、そう思っていたのに」と、美恵子さんは私の前で泣きだしました。

登さんは猛省し、許しを請うているようですが、美恵子さんは「夫の裏切りを許せません。でも、離婚したいのかどうかもわかりません」と、怒りと悲しみで混乱している様子でした。

幸せボケは一瞬にして当たり前の日常を奪う

後日、夫の登さんが一人で相談にいらっしゃいました。

「あれから妻の笑顔は消えてしまいました。子どもたちも私たちの異変に気がついたようで、自分はなんてことをしてしまったのかと、毎日悔やんでいます。元に戻るためならなんでもする覚悟です。どうか、助けてください！」

信頼していた夫の裏切りを知ったいま、妻は笑顔でなんかいられるはずがありません。いままで妻のことを、何があっても傷つかない刃金のように強い心の持ち主だとでも思っていたのでしょうか？　想像力がなさすぎます。

起きてしまったことにクドクド言うつもりはありません。しかし、今後のことも含め、「どうして今回のようなことが起きてしまったのか？」「繰り返さないためにはどうすればいいか？」を深掘りすることが、ふたりにとって重要なことなのです。

登さんは「魔が差した」「妻に不満はなく、むしろ安心しきっていた」と繰り返すばかり。妻にはとうてい理解できないことでしょうが、それが本心なのでしょう。これから登さんが取り組むことは、ただ一つ。

「妻と子どものために、できるかぎりの愛情と思いやりを与えていくしかない」ということです。

実は、浮気をしてしまった夫の多くが、この登さんと同じ心境を語ります。つまり「平凡で、ありふれているけれど、安定した幸せな家庭がある」という、ありがたさを見失い、現状にあぐらをかいた結果の浮気であるということです。小さな幸せに目を向けられない人は、一瞬にして〝当たり前の日常〟を失ってしまう恐れがあるのです。

仮に、妻が夫の浮気を許そうと決めたとしても、一度傷ついてしまったら、脳裏にこびりついた映像はそう簡単に消し去ることはできません。夫に浮気をされた妻たちの多くは、自分の気持ちの処理のしかたに苦悩しているのです。

結婚8年目にして初めて妻に恋をした夫

いっぽう妻は、夫の愛情を感じ、精神的に満たされていれば、滅多なことでは浮気に走ることはありません。妻が浮気をするのは、夫に対しての「不満」が積もり積もったときです。

年商60億円を超える会社を経営する慎太郎さん（45歳）から、妻の浮気について相談がありました。妻の久美さん（39歳）の浮気の事実を知った慎太郎さんは、浮気相手の男性へ怒りを顕にし、慰謝料請求をしました。

その後、夫婦で話し合い、関係を修復していく決意をしたのですが、慎太郎さんの心はボロボロ。頭の中は、「どうして?」「なぜ?」という疑問がグルグルと渦を巻いている状態でした。慎太郎さんはカウンセリングを継続しながら、いままでの自分自身の妻に対する言動を見直す努力を続けたのです。

4度目のカウンセリングのときでした。慎太郎さんが、素敵な気づきを話してくれました。「先生、自分はいままで、十分な生活費を入れていたらそれでいいと思っていました。でも、それだけではダメだってことにやっと気がつきました。妻の気持ちも何も理解していなかったし、しようともしなかった。妻が何に興味をもっているのか、自分に対して何を求めているのか、どんなことが不満だったのかもいままで何も知らなかったんです。自分が悪かったんです。いま、結婚8年目にして初めて妻に恋してる感じがします！」

いままで現実を受け入れることができずに苦しんできた慎太郎さんから、このような前向きな言葉が飛び出したことに、私は驚きと喜びを隠せませんでした。

慎太郎さんはこれまで、会社を大きくしようと必死で、仕事のことしか考えてこなかったようなのです。

「妻とは会話も少なかったからケンカにもならなかった。妻のことは何も気にしたことがなかった」。そんな彼が、いまでは「妻のことが気になって気になってしかたがない」と言うのです。

慎太郎さん自身も気がついていなかった、妻に対する初めての感情が、この「妻の浮気」がキッカケで芽生えたのです。

妻のことも自分のことも冷静かつ客観的に見つめ直すことができなければ、浮気をされた苦しみから脱することは難しいでしょう。きっと今後は、妻へ愛情を惜しみなく注いでくれるにちがいないと確信した瞬間でした。

【 夫へ 】

妻をしっかりほめましょう

夫は日頃から、もっと妻をほめてください。妻をほめない夫が多すぎます。日本の男性は「女性をほめる」のが苦手です。女性は、歯が浮くような特別なセリフを求めているわけではありません。妻は「いつもありがとう」という言葉や「今日はいつもと感じが違うね」「この料理美味しいね！」という、そんな〝さり気ないひと言〟を待っているのです。

【 妻へ 】

どの夫も「かまってちゃん」なのです

夫婦仲も悪くなく、家族も円満。なのに浮気をする可能性のある夫に対して、妻はいったいどのような対策をしたらいいのでしょう。それは、ズバリ！「夫に関心をもつこと」です。夫は子ども以上に「かまってほしい」と思っている〝かまってちゃん〟だと、世の妻たちは認識しておきましょう。「関心をもっていますよ」と、大げさアピールがちょうどいいのです。

29 別居

夫は、現状から逃れるために別居する
妻は、永遠に離れるために別居する

「別居をしたい」と言いだした場合、夫と妻とでは別居を決断する〝目的〟がまったく異なります。夫が別居をしたがるのは、自分が浮気をしている場合だったり、お互いの言い争いを避けるためであったり、「いまだけ」この現状から逃れたいがために別居に踏み切る傾向があります。夫は現実逃避したいのです。いっぽう妻は夫との結婚生活を「永遠」に終わりにしたいと考え別居します。

夫の言う「自由になりたい」の裏には女の影あり

奈々さん（43歳）の夫は、ある日を境に「自由になりたい」という言葉を、しきりに口にするようになりました。

夫の敏行さん（40歳）とは、結婚9年目。奈々さんよりも3歳年下ですが、いざというときに頼りになるたのもしい夫です。ふたりには子どもはいませんが、映画を観に行ったり食事に

行ったりして、夫婦仲は良好だと思っていました。

ところが、夫が言いだした「自由になりたい」という言葉。直感的に「怪しい……」、そう感じた奈々さんは、いままで気にしたこともなかった夫の身のまわりのモノを調べはじめました。財布、カバン、書斎のデスク、パソコン、そして、携帯電話。

「やっぱり！」。奈々さんの勘は的中。

夫は数カ月前から、大学時代の同級生、紗栄子さん（40歳）と頻繁に連絡をとり合い、デートを重ねていたのです。その日の夜、奈々さんは夫に冷静にこう問いかけました。

「ねぇ、何か私に隠してることとない？」

一瞬、目が泳ぎましたが「別にないと思うけど、なんで？」と笑って答える敏行さん。

「そう。じゃあ、大学時代の紗栄子さんて人のこと、詳しく話してくれる？」

夫の顔色が、みるみる青ざめていくのを見た奈々さんは、逆に心配になりました。

その後、夫の敏行さんは、紗栄子さんから久しぶりに連絡があったこと、夫との関係がうまくいっていないと相談されたこと、相談にのっているうちに会うようになったことを、妻にすべて白状しました。

敏行さんは、それからずっと「それ以上やましいことはない」と言い張っていましたが、数日後、突然「別居する」と言って家を出て行ってしまったのです。

奈々さんは、このときどう対処していいのかわからず、混乱して私に電話をかけてきました。しかし、よく話を聞いてみると、洋服や仕事道具はほとんど自宅にそのまま残してあり、持ち出していないのです。

私は、混乱する奈々さんに「近いうちに必ず戻ってくると思うから、そのときは、何事もなかったように迎えてあげてください」とお伝えしました。そして、1週間も経たないうちに「夫が洋服を取りに来て、ご飯を食べて、また出て行った」と奈々さんから連絡がありました。

その後、何度か同じような行動を繰り返す夫に対し、奈々さんは淡々と対応しつづけたのです。妙な行動をしている夫を責めることもなく、過剰なもてなしをするでもなく、早く戻って来てと、すがるわけでもなく……。

ただ心掛けたことは、美味しいご飯をつくって〝一緒に楽しく食べる〟ことと、〝居心地のいい空間〟を意識したことでした。終わりが見えない状況に、心が折れそうになることが何度もありました。

そして、奇妙な別居から1年が過ぎようとしていた頃、いつもなら食事が終わると別居先のアパートに帰っていった夫が、「今夜は泊まろうかな」と言いだしたのです。

「泊まるって……、ここが貴方の家じゃないの」

「そっか……」

このようにして、ふたりの別居生活は幕を閉じたのです。

「貴方の居場所はここだよ」「いつでも戻ってきていいのよ」という対応を奈々さんが取りつづけたことが、敏行さんが戻ってくるキッカケになったことは、ほぼ間違いありませんが、敏行さんと同級生の紗栄子さんとの仲が終わったのも間違いないでしょう。

夫の別居は突発的、妻の別居は計画的

いっぽう妻が別居を言いだしたときには、すでに「離婚」を決意していることが多いのが特徴です。夫のように、妻からの〝一時的避難〟のためではなく、永遠に夫と離れられることを望んでいます。夫の別居は突発的、妻の別居は計画的なのです。

「離婚したいけれど、子どものことを考えると、なかなか一歩が踏み出せない」という女性は少なくありません。それは当然です。しかし、そのような人は「まだ離婚しなくても、なんとかやっていける人」なのです。本気で離婚したいと考えている人は、必ずなんらかの行動をしはじめます。そのひとつが〝別居〟です。

「これからが子どもと二人で大変だけど、夫の顔を見なくてすむと思うと天国だわ〜」

笑顔でこう話すのは、時江さん（39歳）。夫の正樹さん（48歳）と別居して3カ月が経ちました。ふたりが結婚したのは5年前。交際中の正樹さんは、時江さんのことを尊重してくれる紳士的

な男性だったといいます。しかし、結婚した途端に正樹さんの態度は横柄になり、仕事で遅くなった時江さんを怒鳴りつけたり、物に当たったりするようになったのです。

夫は、時江さんより早く帰宅しても、洗濯物を取り込んでくれたこともないし、簡単な食事の準備さえもしてくれたことがありません。肉が嫌いな夫には、いつも煮魚や焼き魚を用意し、野菜も付け加え、バランスのとれた食事を心掛けていましたが、「一度も美味しいと言ってくれたことがない夫に殺意さえ覚えた」と時江さんは話します。

そんななか時江さんの妊娠がわかり、そして女の子を無事出産。1年間の育児休業後、仕事に復帰したのです。そして、決断のときがやってきます。

2日間連続で娘がぐずって、なかなか寝てくれない日が続いていたため、時江さんはクタクタで、いつも起きる時間よりも30分ほど寝坊をしてしまいました。

しかし、そんな妻をよそに夫が放った言葉は「朝メシまだ？　時間ないんだけど」。このときのことを、時江さんは「何かが吹っ切れた」と表現しています。

実は「仕事に復帰したら離婚しよう」と、妊娠中から密かにシュミレーションしていたという時江さん。この日の夫のひと言で、行動に移す決意を固めたのです。そして、その後1週間で引っ越し先を決め、夫に知られずに少しずつ荷物を運び出し、2週間後には妹の協力を得て別居を完了したのでした。

【夫へ】

妻の「注意信号」を見逃さないためには

妻が「別居を実行する」ということは、経済的な苦労や、子どもの将来への不安など、すべてを抱え込む〝覚悟をしている〟ということです。妻は別居を考えはじめる前に、必ずなんらかの方法で信号を送っているはずです。その信号に気づくには、日頃から妻とのコミュニケーションを怠らないことが大切です。手遅れになる前に妻の気持ちに寄り添いましょう。

【妻へ】

夫婦の現実逃避は積極的に！

夫が別居を口にするときは、往々にして女性の影が見え隠れしていることがあります。自分も夫に対してヒドイ言動をしていなかったか見つめ直すことが必要です。とんでもない方向に現実逃避させないためには、夫婦や家族で現実逃避できるイベントを！「旅行」や「ドライブ」もいいですし、たまには子どもを預けて外食するだけでも夫婦の絆を実感できるでしょう。

30 離婚

夫は、離婚で白髪になる 妻は、離婚で茶髪になる

離婚が成立するまで、もしくは離婚が成立した後の「気持ちの切り替え方」は、男性と女性では対称的です。女性の場合、はじめこそ悲観的ですが、あるときから肝が据わるというか、覚悟を決める瞬間があるのです。それに比べ男性は往生際が悪い人が目立ち、離婚後もしばらく立ち直れずに生活習慣が乱れてしまう人も少なくありません。

離婚は幸せになるためにするもの

「相談に来る人は、離婚したい人と修復したい人、どちらが多いのですか?」という質問を受けることがあります。答えは「修復したい人」です。

もちろん、はじめから離婚を前提に考え、「離婚の準備方法」や「有利に離婚する方法」などの戦略を教えてほしいという人もいます。そのようなタイプの人は、すでにそれまでさんざん悩んで結論を出しているため、前へ進むための相談が多く、本人の気持ちも前向きです。

当事者も、まわりの人たちも離婚を悲観的にとらえてしまう人が多いのが現実ですが、そもそも離婚は自分の未来を良くするためにするものです。つまり、離婚は幸せになるためにするのですから、決してネガティブに考えないようにしてほしいと私は思っています。

しかし、「離婚したくないのに離婚を迫られている人」「離婚を迷っているけれど、できればしたくない人」など、いわゆる「修復したい人」に属する人たちは、自分がどうしたらいいのか混乱している人がほとんどです。

カウンセリングでは、相談者の気持ちに寄り添いながら一緒に状況を確認し、問題点を洗い出します。そして、相談者に質問を投げかけながら、「その問題がなぜ起きてしまったのか」という原因を一緒に探ります。

このとき相談者のなかには、いろいろな「気づき」や「反省」を口にする人もいますが、それとは逆に「相手がいかにヒドイ人か」ということだけに集中してしまう人もいます。でも、それはそれでかまわないのです。その人の正直な気持ちなのですから……。

相手のことを悪く言っていても、本心は修復したいので、おのずと「修復するためには、どうしたらいいのか」という話に進むことになります。

目指す夫婦関係、つまり目的を掲げ、その目的に近づくための目標を立てて、実行する内容を明確にすることが、修復の第一段階です。

また夫婦関係修復は相手あってこそ成り立つことなのですが、しかし実のところ、根源は「自分との闘い」であるということを、この時点で理解できる人は多くはありません。

次へのステップの切り替えは妻のほうが得意

泰伸さん（43歳）と妻の友里さん（42歳）は、結婚13年目の共働き夫婦です。そして、12歳と9歳の女の子がいます。夫の浮気が発覚し、一時は離婚する騒ぎにもなりましたが、まだ子どもが小さいこともあり、修復することを決めた夫婦でした。

しかし、妻の友里さんの修復に対するモチベーションが持続しないことと、今後の泰伸さんの妻への対応について相談したいということで、夫婦カウンセリングを行うことになったのです。夫の泰伸さんは、このとき自分の非を認めて猛省していました。

独身だとウソをついて「合コン」に何度も参加し、そこで知り合った20代の女性と1年近く交際していたのです。魔が差したとはいえ、夫としても父親としても、まったく自覚ナシの安易な行動です。

しかし、泰伸さんは「絶対に離婚はしたくない」と言い、「家族のために、いまからできることをなんでもやる」と、妻にも私にも宣言しました。

それに対し、妻の友里さんは「夫に何かをしてもらおうという気持ちにいまはなれない。ただ、お金の流れは把握しておきたいので、すべての貯金通帳を私に預けてください」という条件でした。

「真面目に家族のために仕事をしてくれている」と思って信じていただけに、夫の裏切りは友里さんから笑顔を奪い、能面のような表情に変えてしまったのです。浮気をされた妻が、夫を「許す」とか、「笑顔で接する」とか、すぐにそのような行動をとることは現実的にムリです。

しかし、夫婦関係を修復するには、過去は過去とし「現在の夫の姿を見て評価」していく必要があります。これが浮気後の修復の難しく苦しいところです。

その後、友里さんも夫の浮気という「過去との決別」に悩み苦しみながら、自分の〝まとまらない感情〟と向き合う毎日が続きました。ときには夫婦別々にカウンセリングをしながら心の整理をすること約1年。その頃から明らかに友里さんに変化が表れてきたのです。

会うたびに表情は明るくなり、発する言葉も「次のステップ」とか「幸せの未来のために」とか「仕事が楽しい」など前向きな発言が多くなってきました。そして、ついに!?

「私、子どものためにも、いつも笑っているママでいたいので、離婚しようかと思います！」

友里さんは私の前で、ハッキリとそう宣言したのです。なんとなく、そんな予感もしていたので驚きはしませんでしたが、私の脳裏には夫の泰伸さんの悲痛な表情が目に浮かび、微妙な気持ちになったのは確かです。

その後、毎晩のようにふたりの「離婚会議」は続きました。私も夫の泰伸さんと話をして、心情をお聞きしたり妻の意思の強さをお伝えしたりしましたが、「妻と子どもと離れて暮らす」ことを現実的に受け入れることは、なかなか難しいようでした。

それから、さらに1年ほど経ったある日、友里さんから「離婚が成立した」との連絡があり、再び会うことになりました。久しぶりに友里さんに会った私は、その変わりようにビックリしてしまいました！

無造作に結いていた髪はショートヘアに変わっており、明るいブラウンに染められていました。洋服もメイクも明るい感じの色合いで、あの頃の印象よりも断然に若々しくなっていて、「働く素敵なママ」といった感じです。「こんなに素敵に笑う人だったのね！」と言う私に、さらに眩しい笑顔で「あの頃は、本当に最悪でした〜」と明るく答えてくれました。

「ところで、元ご主人の泰伸さんはどうしているの？」とうかがったところ、それほど離れていない場所に住んでいるそうで、子どもたちとも会いたいときに会える環境だということで安心しました。友里さん曰く「元夫は10キロ近く痩せちゃって、白髪も増えておじいちゃんみたいになっちゃった」とのこと。

女は強し……。

【 夫へ 】

無理せず苦しいときには専門家を頼りましょう

男性は妻との離婚が成立した後、「食生活の乱れ」や「子どもと会えない喪失感」などから、健康状態を崩しやすくなる傾向があります。そんなときこそ「仕事」に意識を集中させてください。ポイントは「食事」「仕事」「趣味」です。また、一人で抱え込まずに、辛いときは専門家に相談することをお勧めします。

【 妻へ 】

一人で抱え込まず人に甘えましょう

離婚は「幸せになるための第一歩」です。大事なのは、シングルマザーということで「子どもに肩身のせまい思いはさせたくない」という一心で〝頑張りすぎない〟こと。辛いときは「辛い」、苦しいときは「苦しい」と本心を打ち明けてください。そして、人に甘えてください。「貴女の味方は大勢いる」ことを忘れないでください。

31 セックスレス

夫は、ストレスでダメになる 妻は、夫の態度でダメになる

日本におけるセックスレスの問題が、思っている以上に社会問題化しつつあるのをご存知でしょうか？　海外では「日本人のセックスレスと人口減少問題」を絡めて報じているところもあります。2014年に日本家族計画協会が、16歳から49歳までの男女1134人を対象に「男女の生活と意識に関する調査」を行いました。これまでにセックスをしたことがある者（927人）に聞いた「この1カ月間は、セックス（性交渉）をしなかった」という人の割合は、全体で49・3％。これを婚姻関係にある回答者にかぎってみると、44・6％（男36・2％、女50・3％）がセックスレスの範疇にあるとのことです。

まずは「愛情のシャワー」を浴びせましょう

そもそも「セックスレス」とは、どんな状態のことをいうのでしょう？

日本性科学会によると、セックスレスとは「特殊な事情が認められないにもかかわらず、

カップルの合意した性交、あるいはセクシャル・コンタクトが1カ月以上なく、その後も長期にわたることが予想される場合」と定義されています。

日本の人口問題や少子化問題を考えると、決して軽く考えてはいけないことですが、「夫婦間」で考えた場合、夫婦お互いが納得し合っている状態ならば、セックスレスが必ずしも問題とはならないのです。

問題となるのは、夫婦のどちらか一方が、現状の性生活に不満をもっている場合であり、それは期間に関係なく起こり得ることでもあります。

私のところに相談に訪れる90パーセントの人たちはセックスレスです。

セックスレス問題だけに焦点を絞った相談だけでなく、たとえば「嫁姑問題」や「子どもの教育問題」といった相談の場合でも、その背景には必ずといっていいくらい性交渉はもちろん、スキンシップ自体がまったくない、いわゆるセックスレス夫婦の場合がほとんどなのです。

それとは逆に、仲が良い夫婦というのは、性交渉だけにこだわるのではなくて、スキンシップを含めた「コミュニケーション」を大事にしています。そうすることで必然的に、セックスレス防止につながっているのです。つまり、セックスレス夫婦をヒモ解いていくと、必ず「コミュニケーション不足」の問題に突き当たるということです。

大和さん（40歳）と、妻の琴音さん（37歳）には、今年7歳になった長女あみんちゃんと、3

歳になる長男敬也くんの二人の子どもがいます。

　大和さんの話によると「息子が生まれてから妻とはセックスレス状態です」とのこと。何度か妻を誘うも、すべて撃沈。妻には、「そういう気分じゃない」「疲れているから」と断られつづけ、とうとう3年が過ぎてしまったそうなのです。

　そして、先日そのことで口論となり「オマエは子どもが欲しかっただけなのか！　オレの身になって考えたことがあるのか！」と、怒鳴ってしまったというのです。

　すると妻は、真顔で「貴方こそ、私の身になって考えたことがあるの？」と。

「奥様の問いに、なんと答えたのですか？」とうかがったところ、大和さんは「妻の身になって、といっても〝そういう気分じゃない〟とか〝疲れているから〟とか言われてしまうのに、それ以上どうしたらいいのかわからないじゃないですか。だから、妻には何も言いませんでした」とのこと。

　まぁ、それが大和さんの正直な気持ちだったのでしょうから、しかたありません。私は大和さんに、いくつかの質問を投げかけてみました。

「奥様は、毎日何時に起きているのですか？　そして、毎朝どんな状況でしょう？」

「夫と娘を送りだした後にすることはなんでしょう？」

「娘さんが小学校から帰ってくるのは何時ですか？」

「息子さんは、わんぱく盛りですよね？　どんなことをして遊んでいるのでしょう？」

「夕飯の買い物はいつ行くのでしょう？」

「夕飯の支度は何時くらいに始めるのでしょう？」

「大和さんの帰宅は何時くらいですか？」

「帰宅後、どんな会話をしますか？」

「奥様の話を聞いてあげていますか？」

「一日のうちで奥様が自由になる時間や、ゆっくり休める時間はどのくらいあると思いますか？」

「奥様が夫に望んでいることはどんなことだと思いますか？」

　大和さんが自信をもって答えられたのは、朝の状況と自分の帰宅時間だけでした。

「いままで、まともに考えたこともありませんでした」と言った後、何やら考え込んでしまった大和さんでしたが、どうやらこれらの質問は、妻がどれだけ慌ただしい一日を過ごしているのかを想像してみるキッカケになったようでした。

　私が大和さんにした質問が「セックスレス解消とどう関係があるの？」と不思議に思う人もいるかもしれませんね。

　男性は、どちらかというと「セックスあっての愛」という認識ですが、女性は「愛あってのセックス」という認識です。ですから、まずは妻が抱えている家事や育児をもっとサポートするなどして毎日の大変さを理解してあげたり、思いやる気持ちを伝えたりして「愛情アピール」しなければ、その先には進みにくいということです。

もちろん妻としても「疲れているから」だけで終わりにしてはいけませんが、どちらかが先に歩み寄らなければセックスレスのままだということです。要は、体よりも「心のつながり」を優先させてくださいということです。

不安や焦りから、つい声を荒げたくなる夫の気持ちもわからなくもないですが、そうすると妻の心は、ますます固く閉ざされてしまいます。

それに女性の体は、毎月ホルモンバランスが変化し、それによって体調や気分の変化も起きやすいことを、男性も知っておく必要があるでしょう。体調への気配りや、いたわりの気持ちが垣間見えたとき、妻は「大切にされている」と実感し、心と体を解放するのです。

最後にもう一つ大和さんに質問をしてみました。

「いま奥様が目の前にいるとしたら、どんな言葉をかけますか?」

「僕や子どもたちのために、いつもありがとう……、ですかね」

もう一声ほしいところですが、まずは帰ったらすぐにその気持ちを伝えることと、普段の温かい言動の積み重ねがセックスレス解消の第一歩であることをお伝えしました。

【夫へ】

毎日の「愛情」と「思いやり」が妻の心をほぐします

男性と女性では、セックスの意味やとらえ方が違うのです。普段から家事や育児を何も手伝おうとしない夫や、いつも機嫌が悪い夫が、自分の都合でイチャイチャしたいときだけ妻に言い寄ってきても、突き飛ばされるのが関の山です。毎日の愛情、毎日の思いやりが妻の心をほぐすのです。解決に向けての順番を間違えないように。

【妻へ】

プレッシャーは禁物！　夫は妻以上にデリケート

「勇気を出して誘ったのに拒否された」といって落ち込む前に、普段の貴女の言動を思い返してみましょう。乱暴な言葉遣いだったり家の中を裸で歩きまわったりしていませんよね？　ガンガン攻めるのも逆効果です。でも、あまりにも夫がセックスを拒否しつづける場合は、ストレスや生活習慣病などから起こる勃起不全の可能性もあります。まずは夫の体調管理を万全に。

32 危機感

夫は、鈍感すぎる 妻は、敏感すぎる

夫は「気づけない」「察しない」生き物だということを、世の中の妻たちも薄々わかりはじめてきたようです。そうです。夫は妻の「SOS」に、呆れるくらい気がつきません。脳の構造が違うのは承知のうえですが、あれほど愛車のメンテナンスはマメにしているのに、夫婦間のメンテナンスにはまったく興味を示さないところが、妻から見た夫の七不思議のひとつなのです。「給料さえ渡していれば、夫婦の危機など起こるはずがない」と思っていたり、妻の小言を「たいしたことではない」と考えていたりする時点でアウト！　離婚へのカウントダウンが始まっているかもしれません。

「何も問題がない」と言う夫ほど問題あり

私は「夫婦問題カウンセラー」という存在を、もっと多くの人たちに知っていただきたいと思っています。そのため、異業種の懇親会やパーティーに積極的に参加し、交流を深めながら

活動のアピールをしています。

そのような場では、初めて会う人たちも多いので、当然のように名刺交換が行われるわけですが、そこで、ある〝面白い〟ことに気がついたのです。

それは、私が夫婦問題カウンセラーだと伝えるやいなや、〝男性だけ〟が口にする言葉があるということ。

男性は、笑顔で必ずこう言うのです。

「うちは、何も問題がないので大丈夫です」と。

もちろん、カウンセリングを勧めたり、夫婦間のことを詮索したりはしていませんし、自己紹介だけなのに。でも、そういった人たちの反応をうかがうのも交流会の楽しみのひとつであり、改めて男性の呑気さを感じるのです。

「何も問題がない」と思っていること自体が「問題」なのに……。


気づかない鈍感夫は手遅れになる可能性90パーセント

私はいままでに、約7000件の夫婦相談を受けてきました。そのうちの半数近くが男性の相談者です。男性相談者にはある特徴があります。それは「問題が大きくなってから相談に訪れる」ことです。

いっぽう女性は夫の言動に敏感で、「夫婦の会話が噛み合わない」「夫の様子が以前と違う」と、比較的早い段階で異変を感じ、相談に訪れます。男性は夫婦間の「危機」を感じるセンサーが〝鈍い〟ため、問題への対処が遅くなりがちなのです。

健太さん（49歳）も、センサーがだいぶ鈍っていました。

「妻が家を出ていってから3カ月になるのですが、一向に帰ってくる気配がないのです。どうしたらいいのでしょうか？」というご相談でした。

健太さんの場合は妻が家を出て3カ月でしたが、1年以上経ってから相談に訪れる男性も少なくないのです。

健太さんは妻の容子さん（48歳）とふたりで暮らしていました。一人娘の由香里さん（21歳）は、都内で働きながら一人暮らしをしています。

いままでも何度か夫婦ゲンカをした後に、容子さんが家を出ていってしまうことがあったようですが、2、3日で帰って来ていたため、またすぐに帰って来るだろうと思っていたようです。しかし、今回は一向に帰って来る気配がないことに焦った健太さん。

本来であれば日数に関係なく、妻が行き先も告げずに家を出て行ってしまうこと自体に焦るべきなのに、3カ月経ってようやく「このままではいけない」と危機感を抱きはじめることに改めて鈍さを感じます。

「この3カ月、奥様にどのようなアプローチをしてきたのですか？」とうかがったところ、「妻が出ていって1週間後に〝いつ帰ってくるの？〟とメールをしたのですが、返信がないままいまに至っています」とのこと。

「いつ帰ってくるの？」とか言ってる場合ではなくて、妻に帰って来てほしいのなら、まずは謝罪の言葉です。そして、すぐに迎えに行くことが大事です。

その後、妻の母親に電話をし、容子さんが実家に滞在していることを確認した健太さんは、自宅から車で1時間ほどの場所にある妻の実家を尋ねたのですが、玄関先で追い返されてしまったとのこと。

夫のメールに反応しなかった妻ですから、このようなことは「想定内」です。

しかし、一度や二度、追い返されたからといって諦めるのは早すぎます。心から妻に帰ってきてほしいと思っているのなら、様子をみて再挑戦することです。

アプローチを続け、せめて話ができる状況にまでもっていくことができればいいのですが、こうなってしまうと、そう簡単にはいかないのが現実です。また、妻が帰ってきたとしても、いまのままの健太さんでは、きっと同じことの繰り返しになってしまいます。

このような状況になってしまった場合、一方的に「帰って来てほしい」という思いをぶつけるだけでは何の効果もありませんし、それどころか逆効果になってしまう可能性があります。

いままで妻が発信してきたSOS、つまり、妻の言葉や気持ちを理解しようとし、寄り添える夫に変わらなければいけません。

同じ屋根の下に暮らしながら何年間も妻と「対話」をしてこなかった健太さんは、それまでの自分を悔やむいっぽう、「いまからでも、できるかぎりのことをやってみます」と、前向きに現在も頑張っています。

夫婦の危機に対して、夫は呆れるほど鈍感ですが、逆に妻は恐ろしいくらいに敏感です。夫が帰宅するなり「あ、女性のいるお店に行ってきたでしょ？」とか「最近、〇〇さんの話をしないね」とか、浮気しているわけではないのに、なぜかドキッとさせられる言葉をサラッと言ったりするものです。

どうして妻は、そこまで敏感なのか？　それは、すでに聞いたことがある人もいるかもしれませんが、男性と女性では脳のつくりが違うからです。右脳と左脳をつなぐ脳梁という、情報の橋渡しをしている神経の束が、女性のほうが太いのだそうです。そのため、五感から受け取る情報を素早くキャッチしやすい。

ですから、妻に隠し事を見破られずに通すのは至難の技なのです。「オレは大丈夫」と思っている場合、たいていはすでにバレています。知っているのに知らないフリをすることも妻は大得意ですから。

【　夫へ　】

「危機センサー」を正常に働かせる方法

「うちは大丈夫」と思っている時点で、「危機センサー」が鈍っています。妻にマメに話しかけるようにしてみましょう。「えっ、それだけでいいの？」と思うか「めんどくさい」と思うかで、夫婦の未来は違ってくるでしょう。たった〝それだけ〟のことを毎日の習慣にすれば、貴方の危機センサーは正常に働いてくれるのです。

【　妻へ　】

敏感な妻は「早とちり」しやすいので注意しましょう

女性はさまざまなことに対して敏感です。それゆえ、夫の何気ない言動に過剰に反応してしまい、自分が傷つけられたと勘違いしてしまうことがあります。夫の言葉や行動は、本当に貴女を困らせるための行為なのでしょうか？　もしかしたら、貴女の勝手な解釈かもしれませんよ。ボタンのかけ違いにならないためにも、きちんと言葉に出して確かめましょう。

33 嫉妬

夫は、仕事がデキる妻に嫉妬する
妻は、若くてキレイな女性に嫉妬する

夫は、自分よりも仕事ができて収入が多い妻に嫉妬します。だからといって、必ずしも夫婦関係に悪影響を及ぼすとはかぎりませんが、良好な関係を保つには、それなりの努力が必要になってきます。そのような〝収入格差〟があっても円満な夫婦は、お互いに信頼し合っていて、精神的レベルも非常に高い人たちだといえるでしょう。芸能界では〝格差婚〟と言われていた矢口真里と中村昌也、藤原紀香と陣内智則、高島礼子と高知東生など、離婚している〝格差夫婦〟が目立つのも気になるところ。いっぽう妻は、自分よりも若くてキレイな女性に嫉妬する傾向があります。知っている女性ならまだしも芸能人など面識がない女性にも嫉妬することも。

年商1億円の女社長になった妻と夫の葛藤

千秋さん（45歳）と、良一さん（52歳）は、結婚15年目の夫婦です。千秋さんは30代のときに

不妊治療を約5年続けてきましたが、精神的にも経済的にも苦しくなり、泣く泣く子どもをあきらめた過去があります。

良一さんは全面的にサポートしてくれたそうで、千秋さんは「夫には感謝している」と話してくれました。

その後、「子どもができないのなら、何か資格を取って仕事を頑張ろう」と気持ちを切り替えた千秋さんは、いろいろと調べはじめました。

しかし、ピンときた仕事も資格もなく、「家計の足しになるのなら」と、ネットオークションで不用品を売ってお小遣い稼ぎをする日々が続いたのです。

ところが、オークションに出品した使わなくなったブランド物のバッグや、引き出物でもらった食器などが、思っていた以上の価格で落札されつづけ、気づいたら1カ月に30万円近くの収入になったのです。これには、千秋さんも夫の良一さんもビックリです。

その後、嬉しくなった千秋さんは輸入雑貨などを仕入れて出品するなど、自分なりに工夫しながら収入を増やしていきました。

そして、あれから9年……。いまでは独自のブランドを立ち上げ、ネットショップのみならず、実際に店舗をかまえるまでに成長し、なんと年商1億円の女社長になってしまったのです。

めでたし、めでたし、で終わればいいのですが、そうもいかないのが〝夫婦関係〟です。

会社員の夫の年収を5年前に追い越した千秋さんは、世帯年収が増えていくことを夫が喜んでくれているものだとばかり思っていました。しかし、実際は違ったのです。

はじめの頃は応援してくれていた夫も、千秋さんの収入が１００万円、２００万円と増えていくにつれて、喜ぶどころか不機嫌になっていきました。

そしていまでは、顔を合わせるたびに「女社長様は、十分稼いでいるからオレは必要ないんじゃないですか〜」と嫌みを言うのだそうです。女心も複雑ですが、こうなると男心も複雑です。

千秋さんは、夫が自分をバカにするような態度に困りはてていました。

「お金を稼いで何が悪いっていうの？　だったら貴方だって頑張ればいいじゃない！」

そんなことを言ったら、夫がいま以上に卑屈になってしまうとわかっていても、どうしても我慢できずに夫を傷つけるような言葉が口から出てしまうこともありました。

専業主婦だった頃の千秋さんは、家から出ない日もあり、不妊治療のことで夫に弱音を吐いて泣くこともあったといいます。しかし、現在は、夫の前で弱音を吐くこともなく、活動的な毎日を過ごしています。

千秋さんは「夫に甘えてばかりいられない」「夫の迷惑にならないように」という思いでこれまで頑張ってきたのです。いまの仕事に力を注いできたのも、夫の負担を少しでも減らせるようにと思ってきたからなのです。

しかし、私は千秋さんに、これからはその考えを改めることを提案しました。専業主婦だった頃のように、泣いたり、弱音を吐いたり、ときには思いっきり甘えてみるようにアドバイスしたのです。

もちろん、仕事はいままでどおりしてもかまいませんが、一人で何もかも背負うのではなくて、夫に相談したり、意見を訊いたり、もっと夫を巻きこみながらコミュニケーションをとっていくことをお勧めしました。

それまで「夫のため」と思って実行してきたことと真逆のことを提案されたことに、千秋さんは驚きを隠せない様子でした。

でも、現在の夫の言動は、明らかに妻への嫉妬からくるものです。プライドや威厳が崩される恐怖、そして屈辱感などで、男として夫として複雑な心境なのでしょう。妻を応援したくても素直に喜んであげられない自分を、夫自身もきっとわかっているはずです。だからこそ、ここで千秋さんは「か弱い妻」にならないといけないのです。

半信半疑のまま実行しはじめた千秋さんから連絡があったのは、それからだいぶ経った9カ月後のことでした。どうやら夫に変化があったようです。

「その節はありがとうございました。あれから、言われたように夫を巻きこんで仕事のことなど相談しながら進めてきました。いまでは以前とは違い、夫が協力的でいい感じなんです！でも、ちょっと困ったことがありまして……」

「どうしました？」

「いますぐではないようなんですが、夫が早期退職をして私と一緒に仕事をしたいと言いだしているんです」

「えーっ!!」

まさに、人生いろいろです。

いっぽう妻の嫉妬の対象は、夫を取り巻く「女」です。「40も過ぎれば、いちいち嫉妬なんかしていられないわよ」という妻もいる反面、すれ違ったミニスカートの女性を夫がチラ見しただけで腹をたてる妻もいます。

私の知り合いの女性は、夫がバレンタンデーに職場の女性からチョコレートをもらってきたことが「気に入らない」と怒っていました。バレンタインデーに一つもチョコレートをもらえない夫のほうが、よっぽどかわいそうだと私は思うのですが……。

人によって、嫉妬に対する怒りの「沸点」は違えど、あまりにも細かくチェックしたり、文句ばかり言ったりしている妻は、結果的に夫の貴女への気持を萎えさせてしまうことになるので要注意です。

【夫へ】

妻にしてあげていないことを、ほかの女性にしていませんか?

貴方が妻にしてあげていないようなことを、ほかの女性にしてあげたとき、妻は嫉妬と怒りで荒れ狂うでしょう。貴方がその女性に恋愛感情を抱いているか否かは関係ないのです。問題は「私にしてくれないのに、なんでほかの女にはしてあげるの?」ということや、自分よりも〝若い〟とか〝キレイ〟ということに、とくに反応しやすい傾向がありますから注意しましょう。

【妻へ】

夫婦円満のコツはプライドを傷つけないようにすること

貴女が稼ぐことで、夫が「お金が増えて嬉しい」と素直に思ってくれたらいいのですが、実際にそうなってみると夫は複雑な心境のようです。なかには、仕事を突然辞めてヒモ状態の夫もいます。夫のモチベーションを維持するためには、やはり立てるところは立ててあげないと「人」としてダメになってしまうこともあります。夫を部下だと思って愛情をもって接してあげてください。

34 モラハラ

夫は、静かに暴言を吐く
妻は、激しく暴言を吐く

「モラハラ」は「モラル・ハラスメント」を略した言葉です。「モラル・ハラスメント」とは、言葉や態度で人の心を傷つける精神的暴力や嫌がらせのこと。近年、夫や妻が「モラハラ加害者」となって相手を傷つけ、離婚する夫婦が増えています。モラハラは密室で行われ、目に見えるキズを負わされることではないため、他人が気づくのには困難をきわめます。また、「モラハラ被害者」は、自分が〝被害者〟だと認識するまでに時間がかかったり、わからなかったりします。それほどモラハラ加害者は、巧妙かつ周到にジワジワと相手を攻めるのです。

モラハラ夫から見た貴女は妻ではなく「獲物」

元美さん（33歳）が、母親の聡子さんに付き添われて相談に訪れたのは、いまから2年以上前のことです。当時の元美さんは、青白い顔に痩せた体、声も弱々しく、いまにも倒れてしまいそうな印象でした。

「夫と離婚したいのですが、決断ができないのです。夫といると苦しいのですが、でも優しいときもあるんです」

「どんなとき苦しいと感じるのか、具体的に聞かせてもらえますか？」

「夫が気に入らないことや、嫌なことが起こると、すべて私が悪いと言われます。次から怒られないように、言われたとおりに気をつけても〝なんで僕の気持ちが読めないんだ〟と言って機嫌が悪くなったり、そのまま家を出ていったりして3日くらい帰ってこないこともあります。いつも、私のどこがいけないのか言ってくれないし、わからないんです。私が〝ごめんね〟と謝っても〝本気で悪いと思ってるなら普通は土下座するよね？〟と言われるので、いつも土下座をして謝ります。でも、なんか苦しくて……」

「それは苦しいですね。辛いですよね」

そう声をかけると、元美さんは泣きだしてしまいました。元美さんの隣に座るお母さんも泣いていました。

私は、ふたりが少し落ち着くのを待ってから、「どうしても辛かったら話題を変えますから言ってくださいね」とお伝えしましたが、元美さんは「大丈夫です」と、はじめよりもしっかりした声で答え、先ほどの続きを話しはじめました。

元美さんと夫の翔太さん（38歳）は、結婚3年目の共働き夫婦です。元美さんは、看護師として働いていています。翔太さんは学習塾の講師をしていて、塾に通う子どもたちや、その親からは「丁寧に、わかりやすく教えてくれる先生」と人気の講師らしいのです。

しかし、自宅での翔太さんは、まるで別人でした。

ある日、ふたりでテレビのニュースを見ていたときのことでした。そのときのニュースに関して「どう思う？」と翔太さんが元美さんに意見を求めたそうなのです。

内容をよく把握していなかった元美さんは、「難しくてよくわからないわ」と答えました。そして、いつものパターンが始まったのです。

「キミはバカなのか？　自分から学習しようとしないキミは腐っているも同然だ。よくそれで仕事をしていられるね」「あの両親の娘だからバカなのは当然か（笑）」「キミのまわりの友達もクズばかりだから、会うのは控えたほうがいいよ」「キミのためを思って言っているんだよ。わかるよね？」

いつも、こんな感じで言われ、元美さんはモヤモヤした気持ちになり、言い返すこともありました。すると「僕は、いつもキミのことだけを考えてあげているのに、どうしてわかってくれないの？」と言って泣きだしたり、「早く僕たちの子どもが欲しいね」と急に優しくなったりするのです。

そんな夫を見るたびに元美さんは「夫を悲しませてしまった私が悪い」と感じてしまうのです。これこそがまさに「モラハラ夫」の手口であり、元美さんは「モラハラ被害者」の典型です。激しい口調で怒鳴ったり、大きな音をたてて威嚇したりすることだけが「モラハラ」ではないのです。

母親の聡子さんは、以前まではときどき実家に顔をだしていた元美さんが、最近まったく帰ってこなくなったので心配して自宅を訪ねてみたそうです。

「痩せてしまい、変わり果てた娘を見たときにはビックリして、すぐに連れて帰りました。でも、何も話をしてくれなくて……。最近になって、やっと〝離婚したい〟ということを話してくれたのです」

その後、このケースはすんなり「離婚」とはいかず、元美さん本人はもちろんですが、ご両親も私もかなり苦労しました。

ご両親の協力のもと、モラハラ夫から元美さんを引き離そうとするのですが、言葉巧みに何度も実家から自宅へ引き戻されてしまうことが続いたのです。元美さんの精神状態を正常に近づけられるのは「親の愛」以外ないと確信していた私は、ご両親とタッグを組んで元美さんを支えるお手伝いを1年以上続けることとなりました。

そして、ついに離婚成立！　いままでこれほど〝離婚した人〟に「離婚おめでとう！」と言ったことはありません。元美さんはモラハラ夫のマインドコントロールが解かれ、すっかり別人のような笑顔を取り戻していました。

お母さんの聡子さんからもお礼の嵐でしたが、なによりも元美さん本人の勇気と、ご両親の愛の力が絶大だったのは言うまでもありません。

いっぽう最近では、妻のモラハラに苦しんでいる夫からの相談も寄せられます。その内容は凄まじく、早めに帰宅した夫に「誰がこんな時間に帰ってこいと言った！」と怒鳴ったり、プレゼントを買ってきた夫に対して「こんなもの欲しくないから、違うものに買い換えてきて」と言い放ったり、旅行中の夫の態度が気に入らなかったと言って、旅行を「やり直し」させられた夫もいました。

どうしてこのような妻になってしまうのでしょう。幼少時の頃からの育った環境や、もともとの性質などもありますが、多くのモラハラ妻は「夫への不満」が蓄積されて豹変したりします。ストレスや不満を自己処理したり、人に相談したりすることが苦手な妻が、一人で抱え込んでしまった結果、一番身近にいるにもかかわらず理解してくれない夫にイライラをぶつけるのです。

離婚したくないのであれば、夫は妻から逃げずに向き合うことが必要ですが、心身に不調を感じたときは、早めに専門家に相談してください。

【　夫へ　】

夫がモラハラ妻をつくりあげてしまうことがあります

モラハラ妻の背景には、これまで妻の願いや要求、または問題に対して真剣に向き合ってこなかった夫の存在が大きく関係している場合があります。妻の〝小さな心の叫び〟を聞き逃してしまった結果、モンスターに変身してしまうのです。「我慢しているだけ」「反抗するだけ」では、なんの解決にもなりません。一度、専門家に相談してみることをお勧めします。

【　妻へ　】

「していい我慢」と「しなくてもいい我慢」を見極めましょう

自分たちの母親や、それ以前の世代の女性たちは、我慢することが美徳とされた時代に生きてきました。しかし、いまは「していい我慢」と「しなくてもいい我慢」があるのを知ることが必要です。夫婦は対等であるはずです。お互いを尊重し、認め合い、そして〝ともに成長する〟のが夫婦なのです。苦しかったら助けを求めてください。

「モラハラ加害者はこんな人」　モラハラチェック

あなた自身や、あなたのパートナーが「モラハラ」だったら、すぐに専門家にご相談ください。

- □ 都合が悪いことは何でも人のせいにしたり、環境のせいにしたりして、被害者アピールをする。
- □ 自分を怒らせるのは「オマエが悪い」、というスタンス。
- □ 外面がいい。
- □ 相手に決断させて、その結果が悪ければ、相手のせいにして責める。
- □ 人を見下す。
- □ 自分よりも肩書きが上だと思う人には媚びへつらう。
- □ 説教やダメ出しをして、相手の自尊心をズタズタにする。
- □ 相手の友達関係や両親との交流を遮ろうとする。
- □ 怒りの原因に一貫性がないため、何かをしてもしなくても同じように怒る。
- □ 気に入らないことがあると無視する。
- □ 大きな声を出して威嚇したり物に当たったりする。
- □ 両親のどちらかがモラハラっぽい。
- □ 急に優しくなることがある。
- □ 話し合いをしても問題をすり替えてしまう。
- □ 人を褒めたり、認めたりしない。
- □ 「君のために言ってあげているんだよ」という言い方をする。
- □ 自分にはお金をかけたり、見栄で人に奢ったりするが、家族にはケチ。

0	➡ モラハラではありません。
1～3	➡ モラハラとはいえませんが、やや偏りのある性質かも。
4～6	➡ モラハラ予備軍の可能性あり。
7～10	➡ モラハラの可能性あり。
13～17	➡ モラハラ確実。

第6章

夫婦の過去・未来編

35 過去のこと

夫は、妻の過去の男を知りたがる
妻は、夫の過去の失敗を責めたがる

男性は自分が付き合っている彼女の「過去の男」を知りたがる傾向があります。その彼女が「妻」になってからも、妻が過去に付き合った彼氏のことについて探りを入れてくる夫もいて、ホント「めんどくさい」のひと言に尽きます。いっぽう妻は夫の「過去の失敗」を責めたがります。ケンカのたびに昔の過ちを引っ張り出される夫はウンザリしています。

夫は「過去を美化して保存」、妻は「現在を美化して過去を削除」

真美さん（33歳）の夫、晋也さん（38歳）も、その「めんどくさい」夫のひとりでした。

晋也さんは、飲食店を傘下にもつ会社で営業の仕事をしています。人当たりが良く、いまどきの男性には珍しいくらいマメで、1歳になる息子の面倒もよくみてくれる優しい夫です。

でも真美さんは、夫の〝ココ〟だけがどうしても我慢できなくて、いつもケンカになってしまうそうなのです。

夫の〝ココ〟とは、真美さんの「男友達」をすべて抹消しないと気がすまないところ。スマートフォン、フェイスブック、ＬＩＮＥなどに登録してある男友達はもちろん、昔使用していた携帯電話に残っている男性の名前と電話番号も削除するよう言われ、真美さんは渋々削除したそう。

そして、その後も「初めて付き合った男はどんな人？」「どんな仕事をしていた人？」と質問してくることがあり、そのたびに真美さんは、夫がスネてしまわないような返答を工夫していたそうなのです。

夫の晋也さんは、度を超えたかなりの〝ヤキモチ焼き〟で、この夫婦の場合はふたりだけでの話し合いでは埒《らち》が明きませんでした。

このような場合、夫よりも〝立場が上の人〟に立ち会ってもらい、この行為がいかに〝度を超えているか〟ということを伝えてもらうのが効果的です。

その後、真美さんは自分の父親にお願いをし、間に入ってもらったことで、晋也さんの過剰な「削除要求」は収まりました。

男性は「過去の女」と「過去の女との思い出」を美化して心に保存しておく傾向があります。そのため「妻も同じように過去の男のことを心に保存しているにちがいない」と考える夫は、それに嫉妬し、見える範囲から消そうとすることがあるのです。

しかし、男と女は違います。女性はどちらかというと過去ではなく「現在」を美化しようとする傾向があるからです。妻は現実のほうが大事ですから、過去の男のことはとっくの昔に〝削除済み〟なのです。

夫よ、約30年前の出来事を侮ることなかれ

妻の場合、夫の過去の女なんかよりも「妻に対してとった過去の言動」のほうが重要なのです。妻は自分が傷ついたり、思いが深かったりした過去の出来事を忘れることはありません。忘れるどころか、数年前、いや、数十年前の夫婦ゲンカのことも、まるで昨日のことのようにもち出して夫を責め立てることも少なくありません。

静子さん（55歳）が、夫の武雄さん（58歳）と離婚を決意した理由は、武雄さんが過去に犯した静子さんへの〝裏切り〟を許せなかったからなのです。

ふたりが結婚したのは、いまから30年前。静子さんが25歳、武雄さんが28歳のときです。

事件は結婚から2年後、静子さんが妊娠8カ月のときに起きました。穏やかな午後を過ごしていたとき、突然家の電話が鳴り響きました。静子さんが受話器を取ると、聞き覚えのない若い女性の声。その女性は一方的にこう言って電話を切ったのです。

「ご主人は私と結婚したがっています。お願いだから別れてあげてください」

静子さんは一瞬何が起こったのか判断できず、しばらくの間ボーッとするしかありませんでした。

夫の武雄さんが帰宅したのは、夜の9時過ぎ。そこからが夫婦の修羅場の始まりでした。どんな声で泣き叫び、どんな言葉で罵り、どんなことを問い詰めたのか……。静子さんは、細かいことは覚えていないと言います。

翌日、静子さんは実家に帰り、そして2カ月後に無事に長女を出産したのでした。しかし、その場に夫の姿はありませんでした。

その後、武雄さんは「電話の女」とは別れ、静子さんにも謝罪したそうですが、28年前のアノ日から静子さんの夫に対する信頼と愛情はいっさい失われてしまったのです。

「この28年間、自分を騙し騙し生活してきました。現在は夫も歳をとったせいか、おとなしくなりましたが、夫が私にしたことをいまでも許すことができないのです」

そう言い終わってから、「先生、有利に離婚するためには、どんな準備が必要ですか？」と、前のめりになる静子さんなのでした。

「人は嫌なことを忘れる生き物だ」と聞いたこともあるのですが、夫婦関係においてはそう簡単にはいかないようです。この静子さんのケースにかぎらず、妻が夫の過去の裏切りや、暴言を忘れられず、何十年も引きずって生きていることも珍しくないのです。そして、子どもの自立や夫の定年退職などの節目をキッカケに行動にでる妻……。

夫から言わせると「そんな昔の話は覚えていない」と、言ったことさえ忘れているような些細なことなのかもしれません。しかし、妻の心には何年間もグサリと鋭利なナイフが突き刺さったままなのです。そのナイフを引き抜くことをしてあげないどころか、刺したことにも気がついていない夫が多く存在するのです。

ただ、妻も過去にこだわってばかりいると、自分自身が幸せから遠ざかってしまいます。無理に忘れたり許したりする必要はありませんが、目の前の夫が現在頑張っているのなら、その変化を「認めてあげる」ということが大事なのです。

実は妻がいまでも「許せない&忘れない」ことベスト5

1 （妊娠中に）浮気をしていたこと。
2 育児で大変なときに助けてくれなかったこと。
3 夫の親に暴言を吐かれたこと。
4 自分の親の悪口を言われたこと。
5 体調が悪いときでも妻が家事をするのが当然だという言動をされたこと。

【夫へ】

過去の「アノ問題」は解決していないのかも!?

妻が昔の話をもち出してウダウダ言うということは、貴方が「解決済み」だと思っているだけで、妻のなかでは「解決していないこと」なのです。解決するためには、「妻の感情を理解してあげる」こと、そして「共感」してあげること。クドクドと言い訳したり、逆ギレしたりしても、なんの解決にもなりません。「あのときは本当にごめんね」。これに尽きるのです。

【妻へ】

自信を失うと「めんどくさい夫」になります

夫に自信を与えてあげましょう。貴女の過去を気にする夫は、貴女の愛情や、自分の存在に自信を失いかけているのです。どれだけ素晴らしい人なのかということを伝えてあげることができたら、夫は貴女や家族のために頑張る気力が湧くのです。「貴方と結婚した私は幸せ者」「貴方は、責任感が強くて頼りになる人」。貴女なりの言葉で夫を勇気づけてあげてください。

36 夢

夫は、夢が無謀すぎる 妻は、夢がメルヘンすぎる

男性の夢は〝仕事〟と〝お金〟に関することが中心です。やはり、仕事で成功を収めることが、男性にとっての「生きる目的」であり「夢」なのでしょう。いっぽう、多くの女性の夢は、理想的な〝人生の伴侶〟を得ることです。童話のなかにでてくるような〝白馬に乗った王子様〟と運命的な出会いをして恋に落ち、そして結婚をし、愛する人の子どもを産み、お城のような家に住みながら、夫に愛されつづけて一生仲良く暮らしていけることが女性の夢の「基本」なのです。

女はいくつになっても「王子様」を追い求める

佳代子さん（53歳）も、そんなおとぎ話のような夢を抱いていたひとりでした。

華やいだバブル全盛期、いつも食事をご馳走してくれる「メッシー君」、欲しいものを買ってくれる「ミツグ君」、どこへでも送り迎えしてくれる「アッシー君」と、いまでは死語に

なっている言葉ですが、そんなふうに呼ばれた男たちを下僕のごとく従えていました。

でも、佳代子さんが結婚相手に選んだ男性は、メッシー君でもアッシー君でもミツグ君でもない、不動産会社社長の男性だったのです。これで幸せは約束されたかのように思われました。

しかし、あれから約30年……、当たり前ですが、おとぎ話のようにはいかず、夫の浮気、会社の倒産、家の売却と、苦労が耐えない毎日だったと佳代子さんは振り返ります。

ただ、バブルの時代を生きた人の特徴は、前向きで元気なこと。佳代子さんも例外ではなく、新たな夢に向かって気持ちを切り替えています。

実は、佳代子さん、このたび夫との離婚が成立したのです。離婚を拒む夫に離婚調停を申し立て、約6カ月。

「しばらく自由を楽しんでから、第二の人生を一緒に歩めるパートナーを探します！」

そう意気込みを語る佳代子さんを頼もしく感じました。

それから、約3カ月……、佳代子さんから「彼ができました！」とメールが届きました。なんと、10歳年下の男性だというではありませんか！

女性は、いくつになっても「王子様」を追い求める生き物なのだと感じずにはいられません。言い換えれば、「お姫様願望」を捨てきれない生き物ともいえるでしょう。いつまでも特別扱いしてほしいし、大切に扱われたいのです。

佳代子さんの場合、素敵な王子様を現実の世界で見つけましたが、多いのは幻想の世界の王子様にどっぷりハマってしまう女性です。いまから十数年前の「ヨン様ブーム」や、独身を貫くと信じて疑わなかったイケメン俳優の「結婚」への嘆きなど、女性は幻想のなかでも貪欲に王子様を追い求めていることがわかります。

また、私は相談者から、離婚後の報告を受けることが多々あります。その内容は「彼氏ができました」というものから、「再婚することが決まりました」という、おめでたい報告、「いま交際中なのですが、今度は結婚に向けての心構えを教えてください」なんていうご相談までいろいろです。それらは私にとって、どれも心から嬉しいことであり、この仕事をしていて良かったと思うことでもあります。

「福山雅治になりたい」と言う夫

夢がある男性は魅力的です。しかし、それが無謀な夢だったら……。

瑠衣さん（38歳）は、夫の清志さん（33歳）の「血迷ったか！」と思えるような突然の宣言に腰を抜かしそうになりました。

結婚8年になる夫婦には、6歳の男の子が一人います。夫は、瑠衣さんと知り合った頃は、ストリートミュージシャンで、渋谷や新宿の路上で自作の曲を歌ったり、ライブハウスでライブを行ったりして生活していました。

しかし、瑠衣さんと知り合い、結婚を真剣に考えはじめたことで、現在のアパレルメーカーへの就職を決意したのでした。

ところが、やっと収入も落ち着いてきたというのに、突然「俳優になりたい」と、夫が言いだしたというのです。はじめは冗談かと思って軽く流していたそうですが、俳優養成所を調べたり、問い合わせをしたりしているところを見ると、どうやら本気らしいのです。

「もともと、無鉄砲なところがある夫でしたが、まさか〝俳優〟だなんて、開いた口がふさがらないとはこのことです。私や子どものことをまったく考えていない夫には、怒りを通り越して呆れるばかりです」

「また、俳優とは大胆ですね。どうして〝俳優〟なのでしょうね」

「福山雅治も昔はサラリーマンだった。オレは前から、福山のように〝歌える俳優〟になりたかったんだ、とか言って、もうわけがわかりません」

「それは困りましたね。昔からの夢ならば、妻として、できれば応援してあげたいという気持ちもあるでしょうが、現実を考えると不安のほうが大きいですよね」

「もう、絶対にやめさせたいんです。これから、子どもにもお金がかかるし、考えただけでもゾッとします」

「でも、キツく反対すればするほど意地になる可能性もありますから、うまくなだめて冷静になってもらうことも必要ですよ。勢いで会社を辞めてしまう前に、オーディションを受けてみることを進めて、現実の厳しさを味わってもらうのもひとつの手ではないでしょうか」

「えっ⁉ それで合格してしまったらどうしたらいいのですか？」

「それはそれで、ご主人に少しでも才能があるということかもしれません。ご主人が本気なのであれば、そのときにまた応援してあげるか、ついていけないのかを考えても遅くはないと思いますよ」

実はこのケース、夫自身が熟考した結果、〝歌える俳優〟になるためには「特技である〝歌〟にもっと磨きをかけないといけない」という結論に至ったようで、とりあえず勢いで会社を辞めて俳優養成所に入所することは回避できました。

それにしても、なんともお騒がせな夫であり、妻の瑠衣さんがホッとしたのは言うまでもありません。夫の夢を邪魔したいと思う妻はいないと思いますが、あまりにも無計画すぎる言動は、「阻止したい」というのが妻の本音です。なぜなら、女性は「生きていける保証」が欲しいから。

叶うか叶わないかもわからない「夢」よりも、保証されている「現実」のほうが妻にとってはよっぽど大事なのです。

【夫へ】

妻の夢を応援することで貴方への「応援力」が高まります

妻の夢が「メルヘン」なのはしかたありません。ただ、仕事に関することであっても、家族の幸せに関することであっても、それこそ現実離れしていることであっても、妻が一生懸命「夢」に向かって頑張っているのなら、気持ちよく応援してあげてください。そうすることで「夫への応援」となって返ってくるのです。

【妻へ】

考慮する点は「困難を乗り越えていけるか」ということ

夫の夢をなんでもかんでも頭ごなしに否定するのは、夫の自信をなくしてしまいかねません。まずは、貴女が不安に感じることや疑問に思うことに対して誠実に夫に答えてもらいましょう。あと、貴女が熟考することは、いざというときに「この人と困難を乗り越えていくことができるかどうか」という点に尽きるのではないでしょうか。

37 老後の生活

夫は、妻とふたりで生きたい
妻は、自分だけのために生きたい

子どもたちも巣立ち、夫の定年退職も目前に迫る頃、多くの妻たちが考えることがあります。それは「自分の人生」について。結婚してから、〝夫〟のため、〝子ども〟のために、がむしゃらに走ってきた自分を振り返りたくなるときが、妻には必ずくるのです。そして思うのです。「誰のためでもない自分だけの人生を生きてみたい」と。しかし、妻の気持ちとは裏腹に、夫は「妻とのんびりした老後を送りたい」と思っています。そのギャップは、どうして生まれてしまうのでしょうか……。

一緒に楽しみたいと思っているのは夫だけ

玲子さん（54歳）の夫、俊樹さん（58歳）の定年退職が2年後に迫っていました。結婚して25年。長男と長女も独立して、それぞれ自分たちの人生を生きています。

玲子さんは、現在パート勤めをしていますが、実は以前から抱いていた夢がありました。それは、得意な英語力を活かして、「近所の子どもたちに英語を教えたい」ということでした。以前、夫にも相談したことがありました。「自宅で英会話教室をやりたいの」と。でも、夫は頭ごなしに猛反対。「主婦は主婦らしくしていろ」というのが夫の意見でした。

「主婦らしく……って、どういうこと？　主婦は、自分のやりたいこともできないのか？　そんなのおかしい！」

そう思いながら、この数年間、悶々としていたのです。

しかし、ある日、夫が語った「定年退職後の夢」とやらに、玲子さんは愕然としました。夫は「定年退職後は、しばらくゆっくりしてから夫婦で旅行したりゴルフに行ったりして、のんびり暮らしたい」と。

「はっ？　何を言っているんだ、この人は？　私の今後の人生を勝手に決めないでほしい」

そう思った玲子さんは、これからの残された人生の歩み方は「自分の意思で決める」と強く心に誓ったのでした。

夫は夫で、自分が描く夫婦の未来像があったのでしょう。でも、そんなことを一度も言葉に出したこともないし、妻である玲子さんも一度も聞いたことがありません。それどころか「私の夢を応援してくれなかったくせに、自分は勝手なことばかり言っている」という思いもあり、いきなり「夫婦でゴルフや旅行を楽しみたい」と言われても、戸惑うばかりで「嬉しい」なんていう気持ちにはまったくなれない、というのが玲子さんの本音なのです。

玲子さんは現在「熟年離婚」を計画中ですが、妻が離婚をしようとしているなんて、夫の俊樹さんは夢にも思っていないことでしょう。

熟年離婚はどうして妻から言い出すのか？

近年はとくに「夫婦のあり方」が多様化してきており、60歳を過た女性でも、長年連れ添った夫と別々の人生を選択する人も少なくありません。こんなふうに聞くと、悲しい気持ちになる人もいるかもしれませんね。

しかし夫婦とはいえ、やはり「個々の人間」です。自分のやりたいことがあるにもかかわらず、パートナーの理解が得られないがために、あきらめて自分の一生を終わらせるほうが、よほど悲しい人生なのではないかと私は感じます。決して離婚を推奨するわけではありませんが、いろんな「夫婦のカタチ」があってもいいと私は思っています。

話を元に戻します。玲子さんが夫の定年退職を機に、夫婦別々の人生を選択するに至った裏側には、25年間の結婚生活が「とても孤独だった」ことも理由のひとつです。

夫は仕事の帰りが遅く、出張も多かったせいもあり、家のことや子どものことは玲子さんにすべて任せっきりでした。玲子さんが高熱で寝込んでいても、子どもの面倒をみてくれるわけでもなく、労いの言葉をかけてくれたことさえなかったと言います。

毎月お給料をもってきてくれることには感謝の気持ちこそありましたが、それよりも玲子さんは「精神的」に支えてほしかったのです。そして、いつしか夫を「もともといない人」だと思い込むことで、感情にフタをし、自分を守っていたのです。

ところが、「もともといない人」だった夫が、定年退職を機に、今度は「毎日いる人」になるのです。洗濯機のスイッチさえ一度も押したことがない夫が毎日家にいる……。そう考えただけでも玲子さんにとっては、「私の負担が増えるだけ。耐えられない」と、なんともいえない嫌な気持ちになるのでした。

夫にしてみたら、まさに青天の霹靂としか言いようがありません。きっと夫は夫で「家族を養うために、男は仕事！」という精神でこれまで頑張ってきたのでしょう。しかし、皮肉なことに、その「男気」が逆に妻の心を閉ざしてしまったのです。

このような熟年離婚を目の当たりにするたびに、専門家の私でも毎回考えさせられます。「もう少し前になんとかできなかったのか」と。結婚して数十年、きっと「なんとかする時間」はあったでしょうし、さんざんなんとかしようと努力してきたのかもしれませんが、こうなっては遅すぎます。

お互いの将来のあり方について、ここまで食い違いができてきてしまうのは、結婚生活のなかでの夫婦の対話が大きく欠落していたとしか考えられません。

普段のふたりの、なんてことはない雑談を疎かにしてはいけません。雑談をすることで、相手が考えていることや、お互いの違いなどが自然に理解できるようになり、愛情も育まれるのですから。

また、熟年離婚に至ってしまう夫婦の特徴として、お互いを労うことがふたりの間から抜け落ちていることがあります。たった5文字の「ありがとう」や「お疲れさま」という言葉を言いだせず、のみ込んできてしまった結果が熟年離婚なのだと感じます。

この本のなかで私が何度かお伝えしている「離婚は幸せになるためにするもの」ということも、熟年離婚を言い渡された側にしてみると、なかなか受け入れられないことなのかもしれませんが、「成るべくして成った夫婦の結末」なのです。

いまさら離婚したくない人や離婚を受け入れられない人は、〝卒婚〟というスタイルはいかがでしょうか。卒婚とは、離婚せず夫婦がお互いを尊重して、それぞれがやりたいことを優先していくライフスタイルです。

たとえば、夫は田舎暮らしをしながら無農薬の野菜づくりを、そして妻は都会のマンションで料理教室をしながら暮らす……、というような新しい夫婦のカタチです。ときにはお互いの住居に行き来しながらの、友達感覚も新鮮かも。

【　夫へ　】

充実した老後を送るために「ＪＪ」になりましょう

円満な老後を送るための秘訣は「ＪＪ」になることです！　女性雑誌の「ＪＪ」ではありません。「自立したジジイ」、名付けて「ＪＪ」です。ＪＪになるために、いまからでも行動に移したほうがいいことを三つお伝えします。（１）趣味を見つける、（２）長く付き合える仲間をつくる、（３）運動をする。手がかかる夫は、妻に苦労をかけるだけです。素敵なＪＪを目指しましょう。

【　妻へ　】

将来の話を夫と共有しましょう

ふたりで過ごす時間が「幸せ」と感じられるような老後にするために、いまから夫と将来の話をすり合わせておくことが大切です。「当然、夫はこう考えているだろう」という想像だけではなくて、お互いの考えや思っていることを伝えて共有することに意味があります。そうすることで、夫婦の新たな目標が見つかりやすくなり、夫との絆も深まるのです。

38

もしも生まれ変わったら
夫は、妻と結婚したい
妻は、夫以外と結婚したい

またまた夫（男性）にとって悲しいお知らせをさせていただかなくてはなりません。決して夫（男性）を「痛めつけよう」としているのではなく、悲惨な現実にならないように、「警告」としてお伝えしていることをご理解くださいませ。では、いきます。「もしも生まれ変わったら、また夫（妻）と結婚したいと思いますか？」との質問に対する調査結果をネット上でいくつか確認できます。その結果、婚姻年数が多い妻ほど「夫と結婚したくない」という人が増えている悲しい傾向があります。そして逆に夫は、婚姻年数が増えるほど、生まれ変わっても「妻と結婚したい」という人が増えているのです。

離婚しないなら「いい意味で開き直るプログラム」が有効

私が本書のなかでも何度となくお伝えしてきているのが、夫の「鈍感さ」であり「想像力の乏しさ」です。〝男と女〟という別々の性で生まれてきたかぎり、この違いは致し方ない部分があるのかもしれません。

男性である夫は鈍感なうえ、長い結婚生活にアグラをかき、妻が本気で直してほしいと思っていることに対しての指摘も、「いつもの小言」くらいにしか思っていないのですから、真剣に取り合おうとするはずがありません。気がつけば、お互い50代後半……。

いちいち指摘する気持ちも失せた妻のなかには、夫を「ATM」と思うことで怒りの感情を抑えている人も少なくないのです。世の中の熟年男性は、陰で支えてくれている妻にもっと感謝の気持ちを伝えることの重要性を真剣に考えていただきたいものです。

妻の八重子さん（57歳）、夫の満弘さん（59歳）は、結婚34年目の夫婦です。

「孫を見ていると、夫の嫌なところを忘れていられる」

こう話す八重子さんからの相談は、好きでもない夫と一緒に暮らしていくためには、どういう心構えでいたらいいのかというものでした。

「家のことは、いっさい手伝ってくれたことがない。それで威圧的な言い方をするからカチンときます。でも、いまさら離婚する勇気もありません」

八重子さんと同じように「年齢を考えると、いまさら離婚するにはリスクが大きすぎる」と考える熟年の女性は少なくありません。「離婚したい。でも、できない」と、答えがでないことをグルグル考えて過ごすよりも、八重子さんのように「離婚しないなら、そのなかでどうしていけばいいか」という考えにシフトしていくほうが精神的にも楽になります。

そこで今回、八重子さんに取り組んでいただくことになったのは、「いい意味で開き直るプログラム」です。

それまでの八重子さんは、夫に対して「家のことを手伝ってほしいのに手伝ってくれない」「普通に言ってほしいのに威圧的な言い方をする」ということで、「直してほしいと言っているのに直してくれない夫」に嫌気がさしていました。「いい意味で開き直るプログラム」の内容は以下のとおりです。

（1）生活を支えてくれる夫に感謝しつつ、自分は好きに楽しむ。
（2）すべてを抱え込まない。できることはする。できないことはできないと開き直る。
（3）「夫はこれ以上変わらない」と開き直る。
（4）「離婚して経済的に困るよりマシ」と思って開き直る。
（5）離婚した〝つもり〟になって開き直る。

一見、無責任で、とんでもないプログラムだと感じる人もいるかもしれませんが、「離婚はしたくない」と思っているのであれば、自分が楽になるとらえ方や意識に変えていくことが有効なのです。いままでイライラしていたことが「小さなこと」に思えて、穏やかな気持ちで過ごせるようになります。

夫は「主夫」、妻は「社長」！　異例夫婦の愛情劇

「ママと結婚してよかった。貴女との人生はオモシロすぎる。生まれ変わっても、また貴女と結婚したいな」

突然の夫からの告白に、戸惑いながらも「感激した」と話すのは、私の友人の栗山葉湖《ようこ》さん。栗山さん夫婦は、もうすぐ結婚25年を迎えるベテラン夫婦です。

葉湖さんは、3人の息子さんのお母さんでもあり、「マインドブロックバスター」の創始者、「一般財団法人日本マインドブロックバスター協会」の代表理事でもあります。マインドブロックバスターとは、「3分で1個の心のブロックを解除する」という葉湖さんが独自に生み出した技法です。日本全国に8000人以上のインストラクターを誕生させた葉湖さんは、毎日忙しく日本中を飛びまわっているため、家事をする時間がほとんどありません。

「こんなに忙しすぎる妻をもつ夫は、さぞかし不満をもっているにちがいない」と思いきや、先に書いたような素晴らしい言葉が夫の口から飛び出すとは、いやはや恐れ入りました。

しかも、夫は葉湖さんの仕事に全面協力するために数十年間の公務員人生にピリオドを打ち、

なんと家事全般を引き受ける「主夫」に大変身したというではありませんか！　その夫が、妻のことを「貴女との人生はオモシロすぎる」と言いきる理由は、なんだと思うのか？

「以前、私も公務員でした。その公務員だった私がスパッと仕事を辞め、起業し、夫までも巻き込んで主夫にさせてしまうという大胆さなのでは？」と、葉湖さん。

〝オモシロイ〟のは、葉湖さんだけではなくて、「夫」も！　と思うのは私だけ？　そして、「生まれ変わっても、また貴女と結婚したい」と言葉にだして伝えてくれる実行力は、ほかの夫たちもぜひ見習っていただきたいところだと感じました。

「いまが一番幸せ」という葉湖さんですが、実は結婚してから長いこと夫は亭主関白を、自分は良き妻、良き母を演じようとして、そのギャップに苦しんだこともあったそう。でも、「ねばならない」という自分の心のブロックを解除したことで、いまの自分たち夫婦があるのだといいます。そこで、こんな質問をしてみました。「葉湖さんも、生まれ変わったら、またご主人と結婚したいですか？」

すると……、「パパごめんね。私はほかの人と結婚してみたいです」とのこと！　「〝この人と結婚してよかった〟とは思うのですが、生まれ変わったらとなると、私は新しいことが好きだし、好奇心もあるので〝違う人との違う人生ってどんなかな～〟と妄想をよくします」

やはり、来世ではほかの人と結婚したい妻が多いようです。

【夫へ】

「貴方と結婚してよかった」と言ってもらうために

「生まれ変わってもまた一緒だなんて絶対にイヤです！」と言いきる妻をいままでに何人見てきたことか。たとえ、「来世では結婚したくない」と思われていたとしても、せめて「今世で結婚できてよかった」と思ってもらいたいですよね。それには、「妻の存在の大きさを改めて見直し、感謝の言葉をいますぐに伝える」というシンプルなことで挽回できる可能性が高まります。

【妻へ】

「夫と結婚してよかった」と思えるために

ほとんどの夫は貴女と「また一緒になりたい」と思っています。その気持ちを口にださないだけで、伝えるキッカケがないだけです。でも、来世よりも大事なのは今世であり「いま」です。たくさんの愛情を与え、たくさんの愛情を受け取ってください。そして「一緒に困難を乗り越える」。そんな夫婦は嫌でも来世で再び巡り会ってしまうのかもしれません。

「三つの自尊心」の満たし方

「自尊心」が低い人は、自分に自信がもてなかったり、依存症になりやすかったり、人を妬んだりしてしまいがちです。また、本書のなかでもお伝えしてきたように、パートナーに自尊心を傷つけられると、その人から逃れたいという気持ちになるものです。パートナーの自尊心を、自分から満たしてあげる言動も大切です。でも、まずは自分の自尊心を「自分」で満たすことが、パートナーの満足感にもつながるのです。

「自己重要感」を自分で満たす方法

- □ ダメなところがある自分も「自分なんだ」と、自分自身を受け入れて「自分を認めてあげる」こと。
- □ 他人に親切にする。
- □ ボランティアをする。
- □ 寄付をする。

「自己有能感」を自分で満たす方法

- □ 目先の目標を一つずつクリアして、「小さな成功体験」を重ねる。
- □ 人の役に立つことをする。
- □ 自分の得意なことを極めてみる。
- □ 自分が体験したことや知識を人に教えたり、相談にのってあげたりする。

「自己好感」を自分で満たす方法

- □ 友達や仲間など、大切な人と楽しい時間を共有する。
- □ 大切な人へのスキンシップを増やす。
- □ 人の話を否定することなく、じっくり聴いてあげる。
- □ 親孝行をする。

私が今回この内容を本にしたかった理由は、夫婦は思いもよらない些細なことでぶつかり合ってしまうことがあるけれど、「男と女の違い」を認識して、自分の「考えや行動を意図的に変えること」で、実に簡単に改善できたり解決できたりすることを多くの人に伝えたかったからです。

たまに、恋人同士のような夫婦を目指して、その現実と理想のギャップに苦しんでいる人を見かけますが、そもそも「夫婦」と「恋人」は、まったく〝別モノ〟なのですから、切り離して考えなければいけないのです。

長持ちするのは、「そこそこいい夫婦」です。この本を読んでいただいた人は、もうお気づきでしょうが、「そこそこいい夫婦」でいるためには、決して目新しいことをする必要はありません。

いくつかのポイントを頭に入れておけば、今日からでも実行できることばかりです。

本書で何度も出てきたポイントをおさらいしてみましょう。

●男と女では、「感じ方」や「求めていること」が違う。
●すべての夫婦問題はコミュニケーション（対話）不足から始まる。
●相手を「受け止める」「受け入れる」ことが夫婦円満の基本。
●ぶつかり合うのは性格が合わないのではなく「解釈のしかたが違う」から。
●相手に伝わる「伝え方」「話し方」をする。
●言葉に出して伝える。
●「どうとらえるか」で人生が変わってくる。
●いきなり否定しない。
●勝ち負けを決めない。
●共感する。
●労う。感謝する。

要は、「相手の立場になって考える」ということ。それが「思いやり」であり、長持ちする「そこそこいい夫婦」をつくり上げる重要なポイントです。

本書では、さまざまな問題を抱えた夫婦をご紹介させていただきました。もしかしたら、現在似たような問題に直面していたり、過去に経験したりしたケースもあったかもしれませんね。

そのような人たちにはもちろん、これから結婚を考えている人たちにも、「そこそこいい夫婦」でいられるポイントをおさえながら、自分たち流の、穏やかで居心地のいい夫婦関係をつくり上げるためのヒントになれば嬉しく思います。

そして、大切なことは、なんらかの変化を求めているのなら「知っている」だけでは、何も変わらないということです。「実行」に移して、「継続」していくことで、初めて〝夫婦が共に成長〟するのだと感じています。

この本を読んでいただいた、すべての人に「夫婦円満の神様」が訪れますように……。

最後に、本書が生まれるきっかけをつくってくださったJディスカヴァー代表取締役の城村典子さん、いつも温かく見守ってくださった株式会社左右社代表の小柳学さん、編集者の樋口博人さん、営業担当の脇山妙子さんに深謝いたします。

HaRuカウンセリングオフィス　高草木陽光

高草木陽光　たかくさぎ・はるみ

「HaRuカウンセリングオフィス」代表、夫婦問題カウンセラー。美容師、育毛カウンセラーを経て、その後結婚し、専業主婦となる。しかし、夫の束縛や価値観の押しつけに違和感を覚え、「結婚生活とは何か」ということを深く考えはじめたときに「離婚カウンセラー」という職業があることを知る。自分たち夫婦のため、夫婦関係で悩んでいる人たちのために必ず役に立つはずだと思い、2009年に「NPO法人日本家族問題相談連盟」の認定資格を取得し、夫婦問題カウンセラーとなる。「直そうとしないで、わかろうとする」カウンセリングをモットーに現在までに約7,000人のカウンセリングを行い、日々活動中。

［**メディア実績**］
フジテレビ「ホンマでっか!?TV」「教訓のススメ」「ノンストップ！」「バイキング」、テレビ朝日「モーニングショー」「スーパーJチャンネル」、日本テレビ「スッキリ!!」、TBS「美しき罠 ナビ」、BSジャパン「日経プラス10」、CBCテレビ「ゴゴスマ」、イギリスBBCラジオ、東京新聞、夕刊フジ、雑誌「ESSE」「クロワッサン」「AERA」ほか。

［**ホームページ**］
http://haru-counseling.com

［**ブログ**］
離婚問題・夫婦問題・男と女の本音を暴露
http://taiyounochikara923.blog102.fc2.com

なぜ夫は何もしないのか
なぜ妻は理由もなく怒るのか

2017年4月30日　第一刷発行
2019年9月30日　第四刷発行

著　者　高草木陽光
発行者　小柳学
発行所　株式会社 左右社
東京都渋谷区渋谷2-7-6-502
Tel. 03-3486-6583
Fax. 03-3486-6584
http://www.sayusha.com

装　幀　松田行正＋杉本聖士
イラスト　多田景子
企画協力　城村典子（J.Discover）
取材協力　栗山葉湖
印刷・製本　創栄図書印刷株式会社

ISBN978-4-86528-174-3